AF348582

El Bebé es un Mamífero

Dr. Michel Odent

Editorial OB STARE

El Bebé es un Mamífero

Título original: Votre bébé est le plus beau des mammifères
Autor: Michel Odent

9.ª edición: noviembre 2024
ISBN: 978-84-944931-6-4
Depósito legal: TF 121-2016

Impresión: Impreso en SAGRAFIC
            Passatge Carsí, 6 - 08025 Barcelona

Impreso en España

Índice

La revolución microbioma

Hasta una fecha reciente, solamente algunos pioneros habían hecho alusión en algunas ocasiones a las consecuencias a largo plazo de la manera cómo nacemos. Nuestra preocupación primordial y casi exclusiva era que tanto la madre como el bebé salieran con vida del período que rodea el nacimiento. Pero súbitamente, a finales del siglo XX, hemos ampliado nuestros horizontes gracias a la aportación de nuevas disciplinas científicas emergentes que nos han proporcionado respuestas a una pregunta hasta entonces inédita. La glorificación y la promoción del amor eran temas relevantes planteados con frecuencia, por supuesto. Pero hasta entonces nadie había formulado todavía la pregunta primordial: «¿Cómo desarrollamos la capacidad de amar?». De modo que la «cientificación del amor» supuso el despertar de conocimientos intuitivos que hasta entonces no se habían puesto de manifiesto, y nos permitió interpretar algunas de las probables consecuencias a largo plazo de lo que sucede en el período «crítico» de nuestro paso de la vida intrauterina a la vida extrauterina. Estos avances científicos me impulsaron a escribir, alrededor de 1990, un texto titulado *El bebé es un mamífero*.

Debemos dar las gracias a la Editorial OB STARE por tomar la iniciativa de reeditar este libro ya antiguo. Mis contemporáneos están en condiciones de afirmar, retrospectivamente hablando, que el estudio del amor mediante métodos científicos supuso una etapa importante en la historia de las ciencias. Durante los seis meses que pasé como «externo», en 1953, en una maternidad de París nunca oí hablar de que ninguna madre pidiera poder tener a su bebé junto a ella, piel con piel, inmediatamente después de haber dado a luz. El condicionamiento cultural en el que nos hallábamos inmersos —debido a la influencia de creencias y rituales milenarios— era demasiado poderoso. La comadrona cortaba rápidamente el cordón y entregaba el bebé a la persona encargada de ocuparse de él. Además, durante la estancia en la maternidad, los recién nacidos permanecían en el nido, separados de sus madres. A nadie se le ocurrió que pudieran estar juntos en una misma habitación. Se siguió manteniendo este protocolo tradicional hasta el momento en el que las disciplinas implicadas en «la cientificación del amor» descubrieron que el recién nacido necesita a su madre. ¿No es éste el descubrimiento más importante de la segunda mitad del siglo xx?

Hemos elegido no modificar la edición original ampliándola o corrigiéndola. Porque de hecho nos parece importante poder observar con una nueva mirada este momento crucial reciente de nuestra comprensión de la naturaleza humana, precisamente ahora que se está concretando un nuevo salto hacia adelante, más repentino y espectacular si cabe que el anterior. Se trata de «la revolución microbioma». La revolución microbioma es una consecuencia inmediata de los avances técnicos. Hasta una época reciente, los bacteriólogos únicamente podían llevar a cabo sus investigaciones con la ayuda de microscopios y cultivos de microbios en cajas de Petri. Pero sus horizontes han sido ampliados considerablemente gracias a los análisis informáticos y a las nuevas técnicas de «secuenciación del ADN»: existe un numeroso grupo de bacterias visibles al microscopio que no pueden ser cultivadas porque se desconocen las condiciones necesarias para favorecer su crecimiento. Ahora, los bacteriólogos pueden ver «la mayoría invisible».

Así pues, actualmente podemos presentar a Homo Sapiens como un ecosistema en el que se da una constante interacción entre centenares de billones de micro-organismos que colonizan nuestro cuerpo (el «microbioma») y los billones de células producto de nuestros genes (el «huésped»). La bacteriología moderna nos permite súbitamente comprender que la salud y los comportamientos de los humanos se ven influidos en gran medida por el microbioma, especialmente la flora intestinal y la flora cutánea. Se acepta, por ejemplo, que la flora intestinal representa el 80% de nuestro sistema inmunitario.

En este contexto, resulta urgente comprender que «venir al mundo» es entrar en el mundo de los microbios, y que el microbioma humano se establece en gran parte durante el breve período inmediatamente posterior al nacimiento. Disponemos actualmente de numerosos datos sobre la flora intestinal[1, 2], la flora cutánea[3], la flora bucal[4] y el microbioma de la leche[5] que nos sugieren esta interpretación. La perspectiva inmunológica confirma que el período del nacimiento es un período crítico en tanto que fase inicial de interacción entre el huésped y el microbioma[6, 7]. Una vez establecido, el microbioma puede ser considerado como un aspecto de la personalidad difícil de modificar de forma duradera.

La bacteriología moderna nos lleva inevitablemente a observar que es precisamente el período del nacimiento la fase de la vida moderna que ha sufrido más cambios radicales. Debemos recordar que hasta una época reciente todos los bebés humanos nacían por la vía perineal, cuya característica es su riqueza en microorganismos. Además, habitualmente nacían en el lugar donde transcurría la vida cotidiana de la madre. De modo que el cuerpo del recién nacido era colonizado inmediatamente por microbios familiares para el sistema inmunitario de la madre. Este hecho es esencial, puesto que una de las características de la placenta humana es su capacidad de transferir hacia el bebé los anticuerpos llamados IgG[8, 9, 10]. Es importante que el cuerpo del bebé sea colonizado en primer lugar por microbios familiares, por lo tanto, amigos. Ahora bien, hoy día la mayoría de los bebés no nace en un entorno familiar para la madre. Además, una proporción cada vez mayor de la población no nace por la vía vaginal y/o se le administran antibióticos durante el período que rodea el nacimiento. ¡Qué revolución en la historia del nacimiento y en la historia de las relaciones entre Homo Sapiens y el mundo de los microbios!

En este contexto, la bacteriología actual hace probables las profundas y rápidas transformaciones que se están dando en nuestra especie. Estas transformaciones son aún más verosímiles por las aportaciones de la epigenética, disciplina científica emergente que nos está ayudando a aceptar el hecho de que los caracteres adquiridos pueden ser transmitidos a las siguientes generaciones. En este contexto, cabe esperar que se produzcan cambios en la frecuencia relativa de determinadas enfermedades o patologías. Concretamente, dada la importancia de las funciones inmunológicas de la flora intestinal y de la flora cutánea, es probable que se produzca un aumento continuado de desajustes del sistema inmunitario.

Un gran número de estudios incluidos en nuestro banco de datos (www.primalhealthresearch.com) confirma esta preocupación. Nuestro banco de datos está especializado en los estudios epidemiológicos que exploran las posibles correlaciones entre lo sucedido en el «período primal» (que comprende la vida fetal, el período perinatal y el año siguiente al nacimiento) y lo que sucederá más tarde con respecto a la salud y a los rasgos de la personalidad.

El concepto de 'desajuste del sistema inmunitario' nos lleva a pensar de entrada en las enfermedades alérgicas. Los resultados de una gran diversidad de estudios sobre el asma y las enfermedades alérgicas convergen significativamente, señalando que el nacimiento por cesárea supone un factor de riesgo para las mismas[11, 12, 13, 14]. Debemos subrayar, además, que varios estudios confirman la correlación existente entre las condiciones en las que se produce el nacimiento y las enfermedades alérgicas, correlaciones que la perspectiva bacteriológica está en condiciones de interpretar. Según los resultados de un estudio holandés, el nacimiento en casa (es decir, en un entorno bacteriológico familiar) está asociado a un riesgo reducido de incidencia del asma y demás enfermedades alérgicas, en comparación con el nacimiento vaginal en un ambiente hospitalario[15]. Un estudio finlandés nos proporciona datos reveladores: la administración de probióticos a la madre al final del embarazo y al recién nacido únicamente ejercen un efecto protector en los bebés nacidos por cesárea[16]. Mencionemos además que la administración de antibióticos en el período alrededor del nacimiento supone un factor de riesgo no sólo para el asma, sino también para las infecciones agudas debidas a bacterias resistentes a los antibióticos[17, 18, 19].

De hecho, el desajuste del sistema inmune está involucrado en muchas patologías. Debemos citar, concretamente, las enfermedades autoinmunes que se desarrollan cuando el sistema inmunitario desajustado se dirige hacia un objetivo equivocado y destruye algún tipo de células del propio individuo. Es el caso, por ejemplo, de la diabetes tipo 1, en la que las células pancreáticas son las que se convierten en el blanco. Resulta significativo que el nacimiento por cesárea suponga un factor de riesgo para este tipo de enfermedad, que se da cada vez con más frecuencia[20, 21].

De hecho, actualmente estamos en condiciones de interpretar de forma plausible los resultados de estudios que nos muestran hasta qué punto en una gran diversidad de enfermedades o patologías la privación microbiana en el momento del nacimiento supone un factor de riesgo. Es el caso, por ejemplo, de estudios sobre la obesidad, tanto infantil como adulta[22, 23, 24], puesto que se ha demostrado claramente que las personas obesas sufren alteraciones en su flora intestinal[25, 26]. Según muestra un estudio danés, la falta de diversidad en el microbioma comporta una tendencia a la adiposidad, a la resistencia a la insulina y a respuestas inflamatorias exageradas[27]. Digamos que, en términos generales, un microbioma carente de diversidad es patógeno en sí mismo. A título de ejemplo podríamos citar que la flora intestinal de los bebés que sufren cólicos es de escasa diversidad[28]. Y ello nos lleva a subrayar también que la flora intestinal de los niños nacidos por cesárea se caracteriza precisamente por la falta de diversidad[29]. Lo mismo le sucede a los niños a quienes se ha administrado antibióticos en el período perinatal.

Esta visión de conjunto de las aportaciones que nos brinda repentinamente la revolución microbioma me ha parecido indispensable para ubicar la cientificación del amor en la historia de nuestra comprensión de las consecuencias a largo plazo de la manera de nacer. La cientificación del amor nos obligó a reflexionar sobre la liberación, ahora facultativa, de las hormonas del amor durante un período eminentemente crítico en el establecimiento del vínculo entre la madre y el bebé. La revolución microbioma nos incita hoy a destacar algunas cuestiones sobre un aspecto crucial de la privación microbiana que sufre el ser humano moderno. Y algunas disciplinas emergentes nos permiten entrever otras etapas. Pienso en particular en una posible nueva comprensión del papel que juega en el parto cierta dosis de estrés que el feto, idealmente, necesita. Seamos capaces de eludir los efectos provocados por la especialización y aprendamos a relacionar —no a separar— todos estos saltos hacia adelante[30].

Del conocimiento
a la nueva consciencia

Esta nueva edición de «El Bebé es un Mamífero» representa una oportunidad para analizar la historia reciente del nacimiento. En otras palabras, una oportunidad para echar la vista atrás. Y debe ser así porque miramos al futuro.

Esta reedición aparece ahora que no podemos dar un paso más allá sin asimilar la enorme cantidad de datos científicos acumulados durante los últimos veinte años. En primer lugar, debemos preguntarnos cómo, a cierto nivel cultural, podemos alcanzar una nueva consciencia; es por ello por lo que me parece urgente intentar anticipar la historia del nacimiento y, así, entrar en el reino de la ficción.

En lugar de analizar posibles pesimistas y optimistas escenarios, nos referiremos al famoso libro «Utopía», publicado por Thomas More hace medio siglo. Pretendemos que éste sea el Prólogo de la edición del año 2031 de «El Bebé es un Mamífero», escrito en una isla en medio del Atlántico, y resulta que la Editorial OB STARE está actualmente radicada en las Islas Canarias.

Como todo el mundo sabe, nuestro país, Utopía, es un territorio independiente.

A pesar de nuestro elevado nivel científico y tecnológico, nos hemos mantenido, e incluso desarrollado, más allá de nuestras características culturales básicas. En concreto, hemos desarrollado nuestra capacidad para plantear proyectos irrealizables y trascender los límites de lo políticamente correcto. Presentamos los detalles de la Utopía según la historia del nacimiento.

En 2010, dos celebridades locales habían elegido dar a luz por cesárea. Así es cómo el nacimiento, de repente, se convirtió en uno de los principales asuntos de discusión en los medios de comunicación. Todo el mundo se dio cuenta de que cada año el índice de cesáreas era mayor que el año anterior. La opinión dominante estaba a favor de las recomendaciones de la Organización Mundial de la Utopía (OMU). Para hacer frente a esta situación sin precedentes, el Presidente de la OMU decidió organizar un encuentro multidisciplinar.

El primero en hablar fue un estadista. Presentó unos gráficos impresionantes que comenzaban en 1950, cuando la operación de segmento bajo sustituyó a la clásica. Según sus conclusiones, era altamente probable que, después de 2020, la cesárea se convirtiera en la forma más común de dar a luz. Un conocido obstetra se vio obligado a comentar de inmediato este dato, reivindicando que tendríamos que tener en cuenta el aspecto positivo de este nuevo fenómeno; explicó cómo la cesárea se había convertido en una operación fácil, rápida y segura, y estaba convencido de que muy pronto la mayoría de las mujeres preferirían evitar los riesgos asociados al parto vaginal. Para justificar su punto de vista, presentó estudios publicados en Canadá en el año 2007 de más de 46.000 cesáreas electivas de presentación de nalgas a las 39 semanas de gestación con ninguna muerte materna, y otros de EE.UU. publicados en 2009 de 24.000 cesáreas de repetición con una muerte neonatal. Explicó que, en muchos casos, una cesárea electiva previa al trabajo de parto era, con diferencia, la manera más segura de tener un bebé. Mientras concluía diciendo «no podemos parar el progreso», el lenguaje corporal de una comadrona insinuaba que había algo que este médico no había entendido.

Una mujer muy expresiva, la Presidenta de la ANCA (Asociación para el Nacimiento Con Amor), reaccionó de inmediato a la exposición del médico. Primero le preguntó por los criterios en los que se estaba basando para evaluar la seguridad de la cesárea; por supuesto, él sólo mencionó los índices de morbimortalidad perinatal y los índices de morbimortalidad materna. Luego, la Presidenta de la ANCA explicó que esta reducida lista de criterios se había establecido hacía mucho tiempo, antes del s.XXI, y que actualmente una gran variedad de disciplinas científicas sugerían una nueva relación de criterios en la evaluación de las prácticas de obstetras y comadronas. Éste fue el punto de inflexión de este histórico encuentro multidisciplinar.

El Catedrático de Hormonología reaccionó de inmediato ante este elocuente y convincente comentario. Después de referirse a gran cantidad de datos sobre los efectos de las hormonas relacionadas con el nacimiento sobre el comportamiento, de manera muy sencilla demostró a la audiencia que, para tener un bebé, la mujer ha sido programada para segregar un auténtico «cóctel de hormonas del amor». Confirmó cómo, durante la siguiente hora al nacimiento, las hormonas segregadas por la madre y el bebé aún no se han eliminado, y cómo cada una de ellas desempeña un papel específico en la interacción entre la madre y el recién nacido. En otras palabras, añadió, gracias a la perspectiva del sistema hormonal, ahora estamos en disposición de interpretar el concepto «período crítico» introducido por los científicos del comportamiento: algunos pioneros de este campo entendieron, ya a mediados del s.XX que, entre los mamíferos, inmediatamente después del nacimiento existe un corto período de tiempo que jamás volverá a ocurrir, y que se trata de un período crítico en el vínculo entre la madre y el bebé.

Según los datos obtenidos de los resultados de incontables estudios epidemiológicos que sugerían que la forma en que nacemos tiene consecuencias de por vida, este hombre se atrevió a concluir que la capacidad de amar se desarrolla, en gran medida, durante el período perinatal. Los obstetras se quedaron boquiabiertos.

Después de tal discurso del Catedrático de Hormonología, el Director del Departamento de Epidemiología de la OMU no pudo quedarse callado. Este epidemiólogo tiene especial interés en la «Investigación en Salud Primal». Ha recogido cientos de estudios publicados en los que se detectan factores de riesgo en el período perinatal asociados a gran diversidad de patologías desarrolladas tanto en la edad adulta como en la adolescencia y en la infancia. Presentó una visión general de los estudios más completos, concretamente de aquéllos con mayor número de aspectos a tratar, y resumió los resultados de sus preguntas sosteniendo que, cuando los investigadores estudian, desde la perspectiva de la Investigación en Salud Primal, condiciones patológicas que pueden ser interpretadas como una alteración en la capacidad de amar (de amar a otros y de amarse a sí mismo), siempre encuentran factores de riesgo en el período perinatal. Acerca de los comentarios de la Presidenta de la ANCA sobre la necesidad de nuevos criterios para la evaluación de las prácticas de obstetras y comadronas, este epidemiólogo insistió en la necesidad de pensar a largo plazo. Para terminar, presentó la Base de Datos de Investigación en Salud Primal como una herramienta para aprender a pensar a largo plazo.

Luego, una genetista levantó impaciente la mano. Presentó el concepto «expresión génica» como otra forma de interpretar las consecuencias de por vida de los acontecimientos pre y perinatales. Explicó que, entre el material genético de los seres humanos recibido en la concepción, algunos genes se silencian, aunque sin llegar a desaparecer. El fenómeno de la expresión génica está influenciado principalmente por factores ambientales ocurridos durante el período pre y perinatal. El obstetra estaba más y más atento y curioso, como si estuviera descubriendo algo nuevo; una de sus sensatas preguntas sobre la génesis de las patologías y los rasgos de personalidad le dieron la oportunidad a la genetista de explicar que la naturaleza del factor ambiental es, con frecuencia, menos importante que el momento de la interacción. Explicó el concepto de «período crítico» para la interacción gen-ambiente. La presentación de la genetista condujo a una fructífera conversación multidisciplinar. El epidemiólogo lanzó una pregunta para dar más detalles sobre una de las nuevas funciones de la Base de Datos de Investigación en Salud Primal, que es ofrecer algunas pistas sobre el crítico período para la interacción gen-ambiente acerca de distintas condiciones patológicas y rasgos de personalidad.

Un bacteriólogo que había pasado desapercibido desde el comienzo de la sesión destacó que los minutos siguientes al nacimiento también son críticos desde su perspectiva. Muy poco gente había entendido hasta entonces que, en el mismo momento del nacimiento, el bebé recién nacido está libre de cualquier germen, y que algunas horas más tarde, millones de microbios han colonizado su cuerpo. Así, explicó que, como los anticuerpos IgG traspasan fácilmente la barrera placentaria, los microbios familiares para la madre ya son familiares para el bebé, y, por tanto, amigos. Si los gérmenes de la madre invaden inmediatamente al bebé, éste está protegido contra otros microbios desconocidos y potencialmente peligrosos. Comentó que el nacimiento vaginal es una garantía para los bebés, pues se contaminan en primer lugar de los gérmenes de la madre, lo que no ocurre con los bebés nacidos por cesárea. Con la intención de subrayar la importancia de este asunto, dijo que nuestra flora intestinal se forma, en gran medida, durante los siguientes minutos al nacimiento; una interesante reflexión ahora que acabamos de conocer que la flora intestinal representa el 80% de nuestro sistema inmunológico.

El bacteriólogo estuvo de acuerdo cuando una consejera de alimentación infantil añadió que, en un ambiente adecuado, si la madre y el bebé no son separados en ningún momento, hay una gran probabilidad de que el bebé encuentre el pecho materno por sí mismo en la hora siguiente al nacimiento, pudiendo consumir el primer calostro, que contiene gérmenes amigos, anticuerpos locales específicos y sustancias antiinfecciosas. La toma del primer calostro tiene probablemente consecuencias a largo plazo, pues influye en la formación de la flora intestinal.

El Presidente de la OMU se sentía feliz de la evolución del encuentro interdisciplinar que había organizado. Pidió a un viejo filósofo, considerado el sabio de la comunidad, que clausurara el encuentro. El filósofo dijo que no deberíamos ignorar la dimensión específicamente humana y que deberíamos, en primer lugar, y sobre todo, pensar en términos de civilización. Se refirió a los datos aportados por el epidemiólogo; entre los estudios que éste presentó, resultó que un gran número de ellos se habían tenido en cuenta a la hora de detectar tendencias y consecuencias estadísticamente significativas. Esto es un recordatorio de que, al tratar los asuntos de los seres humanos, debemos olvidarnos de los individuos aislados, de las anécdotas y de los casos particulares, y centrarnos en la dimensión colectiva y, por tanto, cultural. Gracias a lo que se había oído durante este encuentro, estaba claro que la humanidad se encontraba en una situación sin precedentes que se podía resumir de una manera muy concreta: «Hoy, dijo, el número de mujeres que da a luz a sus bebés y alumbra la placenta gracias a la liberación de un auténtico cóctel de hormonas del amor es prácticamente cero. ¿Qué ocurrirá en términos de civilización si continuamos así? ¿Qué ocurrirá después de dos o tres generaciones si las hormonas del amor se vuelven inútiles durante el crítico período que rodea al nacimiento?».

Después de esta contundente conclusión, el Presidente de la OMU pidió a los participantes que expresaran sus puntos de vista acerca de la necesidad de controlar el índice de cesáreas. Todo el mundo, incluyendo los obstetras, se dio cuenta de la necesidad de tomar medidas urgentes.

Llegados a este punto, se organizó un segundo encuentro con el objetivo de encontrar soluciones eficaces.

Al comienzo del segundo encuentro, el Presidente de la OMU preguntó a los asistentes si tenían algo que sugerir en torno al control de los índices de cesárea y otras intervenciones obstétricas. El obstetra presentó un proyecto 'para evaluar la efectividad de un método con el objetivo de aclarar los inconvenientes de las indicaciones para realizar una cesárea'. Nadie prestó atención. Un médico joven recién licenciado habló sobre la necesidad de reconsiderar la formación académica de médicos y comadronas. La Presidente de la escuela de comadronas reaccionó de inmediato diciendo que todo el mundo ha hecho intentos por actualizar la formación de comadronas y médicos, incluso los médicos especialistas, pero sin consecuencias significativas en el nacimiento. Algunos participantes hablaron de los beneficios económicos que supondría la reducción de las intervenciones obstétricas. El Presidente de la OMU intervino entonces, insistiendo en que estos planes no sólo no habían tenido éxito en muchos países en los que se habían implantado, sino que el índice de cesáreas estaba aumentando, independientemente de cuál fuera la política de salud imperante. «Por lo tanto, debemos tener en cuenta otros factores». Añadió que sería arriesgado intentar que los partos largos y complicados fueran vaginales recurriendo a sustitutos farmacológicos de las hormonas naturales. Esto sería inaceptable ahora que la cesárea es una operación fácil y rápida. La prioridad tendría que ser intentar primero que el parto sea lo más fácil posible con el objetivo de reducir la necesidad de intervenciones obstétricas.

De repente, llegamos al punto de inflexión de esta discusión cuando una neurofisióloga —reconocida internacionalmente por sus investigaciones sobre el comportamiento de la 'mantis religiosa' (insecto de la familia Mantidae)— intervino por primera vez. Explicó que, teniendo en cuenta sus estudios científicos y su experiencia como madre, había conseguido entender claramente cuáles son las necesidades básicas de una mujer de parto. «En general, los mensajes que el Sistema Nervioso Central envía a los genitales son mensajes inhibidores». Entendió esto mientras estudiaba el comportamiento de apareamiento de la 'mantis religiosa'. En esta especie, durante el intercambio sexual, la hembra suele comerse la cabeza del macho, ¡una forma extrema de eliminar los mensajes inhibidores! Entonces, la actividad sexual del macho se refuerza considerablemente, y la probabilidad de concepción aumenta. Esta neurofisióloga entendió que el efecto inhibidor del Sistema Nervioso Central sobre cualquier episodio de la vida sexual es una norma general. En diferentes ocasiones tuvo la oportunidad de confirmar esta regla, y, definitivamente, se dio cuenta aún más de que esto era así después de haber dado a luz a su primer bebé. Está convencida de que su parto fue tan fácil y rápido gracias a la reducción su actividad neocortical. Así, destacó que los seres humanos se caracterizan por el enorme desarrollo de esta parte del Sistema Nervioso Central llamada neocórtex. Cuando estaba de parto, obviamente su neocórtex estaba en total reposo, pues había olvidado completamente muchos de los detalles del lugar donde dio a luz. Recuerda vagamente que estaba en un lugar bastante oscuro y que no había nadie más alrededor excepto una comadrona en una esquina haciendo punto. También recuerda que, en un determinado momento del trabajo de parto, vomitó, y la comadrona únicamente le dijo: «A mí me ocurrió cuando tuve a mi segundo bebé, es normal». Sin embargo, aunque no lo recuerda con claridad, está convencida de que este prudente comentario, como un cariñoso susurro, facilitó el progreso del trabajo de parto. Gracias a que la presencia de la comadrona era como la de una madre experimentada y tranquila, ella se sintió completamente segura. Mirando atrás, esta neurofisióloga comprende que las condiciones facilitaron la reducción de la actividad de su neocórtex: se sentía segura, mas no observada, en penumbra y en silencio. Por todo ello, y tras valorar lo que aprendió como neurofisióloga y lo que aprendió como madre, su propuesta práctica fue que se reconsideraran los criterios de selección de las estudiantes de comadrona. Para acceder a una escuela de comadronas del futuro, la condición sería tener la experiencia personal de haber dado a luz sin ningún tipo de intervención médica y considerar su parto como una experiencia positiva.

El obstetra no estaba de acuerdo con esta propuesta, decía que había trabajado con comadronas maravillosas que no eran madres. Y la directora de la escuela de comadronas replicó que todo el mundo conoce a buenas comadronas que no son madres. Sin embargo, su deber es ofrecer garantías de que las comadronas diplomadas en su escuela tengan rasgos de personalidad tales que su presencia cerca de una mujer de parto perturbe el progreso del trabajo de parto lo menos posible. Éste es el motivo por el que no puede imaginarse mejores criterios que los sugeridos por la neurofisióloga. «Porque esta propuesta está fuera de los límites de lo políticamente incorrecto», pensaron inmediatamente casi todos para los que sí es aceptable en la Tierra de la Utopía.

Entonces se oyó la voz de un hombre que se encontraba en la esquina de la sala. Era la voz de un joven técnico encargado de grabar la conferencia: «Como persona ajena a esto, ¿puedo hacer una pregunta 'naïve' [ingenua]? ¿Y qué tal si la condición para ser obstetra también tuviera que ser haber tenido la experiencia personal de dar a luz sin ningún tipo de intervención médica y considerar su parto como una experiencia positiva?».

Ese momento fue como si todo el mundo en la sala se encontrara en el mismo instante en el que Arquímedes gritó '¡Eureka!'… ¡Qué entusiasmo colectivo tan inolvidable! Para todos los presentes, fue obvio que tal proyecto era lo suficientemente irreal como para ser aceptado sin más discusión ni demora en la Tierra de la Utopía.

El comité se dispuso de inmediato a organizar un período de transición de 15 años.

Hoy, en enero de 2031, estamos en disposición de presentar valiosas estadísticas relativas al proceso de transición que comenzó alrededor de 2024. Son datos impresionantes.

Los índices de mortalidad perinatal son igual de bajos en todos los países con un nivel de vida similar. Los índices de traslados a unidades pediátricas se han reducido de manera asombrosa. No ha habido ni un solo caso de parto con fórceps durante cuatro años. Desde que la prioridad ha sido evitar los partos vaginales largos y complicados, la utilización de ventosas y medicación es muy rara. Y lo más importante: el índice de cesáreas es tres veces menor que antes del período de transición. El índice de lactancia materna a los seis meses está por encima del 90%, y un psiquiatra infantil ha confirmado que el autismo es menos habitual que antes. Si el respetado filósofo —el hombre sabio de la comunidad— estuviera aún vivo, podría asegurar que ahora, en la Tierra de la Utopía, la mayoría de las mujeres dan a luz a sus bebés y alumbran sus placentas gracias a la liberación de un «cóctel de hormonas del amor».

El nuevo Presidente de la OMU y su equipo están preparando artículos para distintos tipos de medios de comunicación internacionales. Han lanzado un eslogan con la intención de difundir el mensaje de manera clara y efectiva. Éste es el eslogan seleccionado:

Únicamente la Utopía
puede salvar a la Humanidad.

Capítulo 1

Raíces profundas

«He recibido, Señor, vuestro nuevo libro contra el género humano...
Nadie puso jamás tanto empeño en tratarnos como bestias; leyendo
vuestra obra, creedme, le vienen a uno ganas de ponerse a andar a
cuatro patas».

Voltaire, carta a Rousseau, 30 de agosto de 1755.
«Respuesta al Discurso sobre la desigualdad».

Cien años antes de Darwin, Jean-Jacques Rousseau se atrevió a catalogar a la especie humana como una más dentro del reino animal. Voltaire y los intelectuales franceses se mostraron condescendientes frente a la incapacidad de Rousseau para comprender sus ideas.

Más de cien años después de Darwin, Voltaire sigue vivo. Me lo encuentro en cada una de mis esporádicas y breves visitas a Francia, puesto que desde 1985 estoy casi siempre fuera del país. En Londres he ido adquiriendo una experiencia de nacimientos en casa que ha sido tan necesaria como fructífera. ¿Cómo hubiera podido comprender hasta qué punto influye el ambiente en el parto y en el primer contacto entre la madre y el bebé si no hubiera cambiado de escenario e incluso de lengua y cultura? Necesitaba completar lo que había aprendido en los hospitales franceses para llegar a ser consciente del auténtico potencial de la mujer que da a luz y poder discernir lo fundamental, lo universal, de lo que en realidad depende de las costumbres de cada lugar.

Ahora puedo resumir veinticinco años de investigación de este modo: «Me he dado cuenta de que los seres humanos somos mamíferos. Todos los mamíferos se esconden o se aíslan para dar a luz. Necesitan intimidad. A los humanos les sucede lo mismo. Hay que tener constantemente presente esta necesidad de intimidad».

En los países de habla inglesa, esta premisa se acepta sin problemas, incluso se considera de sentido común. En cambio, en Francia, la misma idea, aun expresada con cautela, provoca inmediatamente protestas llenas de consternación voltairiana: «...no somos ratones..., ...el habla nos diferencia..., ...tenemos la capacidad de utilizar símbolos..., ...creamos cultura..., tenemos conciencia de nuestra condición de criaturas mortales...».

«Humans are mammals...» ¡Qué disparate!
«Los seres humanos somos mamíferos...» ¡Vaya provocación!

Muchos intelectuales franceses tienden a querer aprehender el fenómeno humano partiendo de lo que nos distingue del resto del mundo animal sin tener en cuenta nuestras raíces más profundas. Si no fuéramos tan arrogantes, seríamos capaces de tomar conciencia con más rapidez y facilidad. No olvidemos la elocuente lección de humildad que nos dio hace dos mil años Aquél que decidió nacer en un establo.

Puesto que la ecología nos enseña que todas las formas de vida son interdependientes, y dado que el siglo xx se caracteriza por la toma de conciencia ecológica, es imperativo dejar de lado las reminiscencias voltairianas.

«Voltaire: un mundo que termina. Rousseau: un mundo que comienza». Esta profecía de Goethe cobra todo su significado cuando nos cuestionamos el nacimiento del ser humano. Es precisamente aquí donde no sólo es necesario sino urgente redescubrir nuestras raíces animales. ¿Acaso el parto no es lo propio de los mamíferos? Existe desde que, hace millones de años, un pequeño animal se desarrolló en el vientre de su madre antes de llegar al mundo.

Para dar a luz a sus bebés mediante el proceso del parto, las hembras de los mamíferos tienen que segregar determinadas hormonas, las mismas que intervienen en el parto de un ser humano; las segregan las estructuras más primitivas del cerebro, comunes a todos los mamíferos. Son estas semejanzas, pues, las que deberían constituir el punto de partida para intentar comprender el proceso del parto en nuestra especie.

Y en cambio, no es así. Por ello han tenido tanta aceptación algunas posturas que demuestran una total incomprensión de los procesos fisiológicos. Los franceses son los responsables de los errores más importantes. Lamaze, por ejemplo, obstetra francés, padre de la psicoprofilaxis occidental, decía y escribía que una mujer tiene que aprender a dar a luz del mismo modo que aprende a hablar, a leer o a nadar. Estos planteamientos erróneos que se han ido extendiendo por todo el mundo nos han llevado finalmente a la crisis. Las ideas del obstetra americano Bradley todavía van más lejos: «Imaginad —escribía— que una mujer sepa con nueve meses de antelación que la arrojarán al agua. Es obvio que durante todo este tiempo va a aprender a nadar. La consecuencia de todo ello es que hemos «preparado» a las embarazadas para dar a luz».

Comprender que el parto es un proceso involuntario que pone en juego estructuras arcaicas, primitivas, mamíferas del cerebro nos lleva a rechazar esta idea preconcebida según la cual la mujer puede aprender a dar a luz. No se puede ayudar a un proceso involuntario; sólo se puede procurar no perturbarlo demasiado.

Pero ahora muchas mujeres en todo el mundo ya están intentando cambiar esta actitud «intelectual» tan extendida. En los países de habla inglesa, el cambio más significativo lo han protagonizado las 'childbirth educators', las educadoras del nacimiento. Estas mujeres, que no tienen ninguna titulación, después de haber dado a luz a sus propios hijos sienten la necesidad de compartir su experiencia como madres con otras mujeres y organizan encuentros, muchas veces en sus propias casas. Normalmente no se basan en ninguna teoría, aunque pueden referirse a alguna escuela si lo creen conveniente. Los planteamientos de muchas de ellas corresponderían actualmente más bien al concepto de educación que al de preparación o enseñanza. En una sociedad basada en la familia nuclear y el nacimiento en el hospital, las educadoras del nacimiento satisfacen las necesidades sociales de las embarazadas, su necesidad de encontrarse con otras embarazadas, madres y bebés. Estas mujeres cumplen la función de educadoras que tradicionalmente correspondía a las madres, tías o mujeres de la generación anterior y, de este modo, llenan ese vacío, propio de nuestra época, que separa a dos generaciones de madres. En Estados Unidos he conocido a mujeres militantes por un nacimiento diferente que también juegan, sin decirlo y a su manera, este papel de educadoras. Vale la pena explicar la historia de una de ellas.

Cuando era una niña, vivía en la granja de sus padres en Dakota del Norte. Su padre le había encargado que se ocupara del nacimiento de los lechones y le había dado esta recomendación:

«Procura que no te vean nunca. Debes pasar desapercibida. Si la hembra se sintiera observada, el parto sería más largo, más difícil y más peligroso, y después del nacimiento podría suceder que la mamá no se ocupara de sus cerditos, incluso se podría volver agresiva. No obstante, tienes que procurar saber siempre lo que sucede y al mismo tiempo ser invisible. Porque las hembras, después de haber dado a luz a ocho, diez o a veces más bebés en un parto, pueden desatender a uno de ellos o bien aplastarlo sin darse cuenta. Es sólo en este caso cuando hay que intervenir». La niña creció y tuvo a sus propios hijos. Se encontró en un hospital para humanos, tumbada sobre una mesa, rodeada de expertos que le decían que empujara o no empujara, que respirara de tal o cual forma. Al ver que estos profesionales no habían entendido nada del parto, se dio cuenta de la importancia de la lección que le había dado su padre. De modo que decidió organizar seminarios, talleres y conferencias para promover un cambio en las condiciones del nacimiento. Y a raíz de ello tuve la oportunidad de visitar Dakota del Norte.

Estas educadoras, que no dependen de ningún profesional, han ido adquiriendo a lo largo de los años una gran capacidad crítica y creativa que todavía no ha salido a la luz pública. En los países con altos índices de cesáreas y con un nivel de malas prácticas obstétricas francamente grave, se está llegando ya a tal límite que, paradójicamente, es posible ahora plantear un cambio radical.

En Francia casi no hay educadoras del nacimiento porque los títulos oficiales son los únicos autorizados para impartir una «preparación» pagada por la Seguridad Social. No hay educadoras prenatales porque la mentalidad predominante crea una distancia excesiva entre el ser humano y el mundo animal: dos manifestaciones del mismo problema que derivan a su vez de la incapacidad para plantear cuestiones simples. He tenido que alejarme de mi propio país para comprender a qué dificultades específicas se enfrenta. Las consignas que se dan en Francia a la hora de traducir y publicar libros de lengua inglesa nos hacen reflexionar. Por lo que respecta al nacimiento, a los bebés y a los niños, siempre se tiende a reforzar sutilmente lo específicamente humano y lo propio de nuestra sociedad. Empezando por el título, el subtítulo y la imagen de la portada, un ejemplo podría ser el libro de Bruno Bettelheim «A Good Enough Parent» [en castellano, «No hay padres perfectos», Ed. Crítica, 2003]. El título en francés —«Pour être des parents acceptables»— nos hace pensar inmediatamente en la pareja, en la familia nuclear y no en el concepto individual de «padre» que el autor quería destacar. El dibujo contribuye a presentar la familia nuclear como el único modelo posible. En inglés, el subtítulo aclara que el tema del libro es el estudio de los problemas importantes a los que todos nos tenemos que enfrentar en la educación de nuestros hijos. En cambio, en francés el subtítulo es «Psicoanálisis del juego». En Francia, la palabra 'psicoanálisis' es comercial porque es un método de estudio que sólo se puede aplicar al ser humano. Las diferencias sutiles que la traducción da a entender aparecen ya en las primeras líneas. El niño satisfecho de sí mismo se convierte, para el lector francés, en el niño que se siente digno de amor. El amor se considera un sentimiento humano. Para el lector inglés, el adulto alimenta al bebé. Para el lector francés, le da el biberón. Dar el biberón es más humano que alimentar. Recordemos también que el título del libro de Arthur Janov «The Feeling Child» se tradujo por «L'amour et l'enfant» [El Amor y el Niño] y que la ilustración de la portada era una mezcla de imágenes de diferentes aspectos de la vida de la familia nuclear.

A principios de la década de 1980 quería escribir un libro sobre el nacimiento destinado al público americano. Ahora, me parece necesario dedicar este libro antes que nada al público francés. Pero... ¿por qué ahora?

Capítulo 2

Al alba de la era postelectrónica

La mayoría de bebés occidentales de las dos últimas décadas ha nacido en un entorno electrónico. Los obstetras creían que si controlaban continuamente el latido del corazón del bebé durante el parto con una máquina electrónica podrían actuar inmediatamente cuando fuera necesario salvar a un bebé. Aunque su intuición no se basaba en datos científicos, estaban convencidos de que así los partos serían más seguros.

Pero numerosos acontecimientos recientes nos hacen pensar que la era electrónica está llegando a su fin. Nos hallamos en un momento crucial en la historia del nacimiento y creo que puedo precisar cuándo empezó. Fue el 12 de diciembre de 1987, el día en que la revista Lancet, una de las publicaciones médicas más prestigiosas del mundo, publicó un artículo importante; el artículo resumía las conclusiones de ocho estudios llevados a cabo en Australia, Estados Unidos y Europa. El objetivo de todos estos estudios, en los que estaban implicados decenas de miles de nacimientos, era comparar dos grupos de mujeres: en el primero, el parto se controlaba mediante monitorización electrónica fetal, y en el segundo, una comadrona auscultaba el latido del corazón del bebé de forma intermitente. Las revistas médicas más prestigiosas ya habían publicado artículos sobre estos estudios, pero la novedad que aportaba este último era que los analizaba todos al mismo tiempo para tener una visión de conjunto y poder sacar conclusiones. Y la conclusión a la que se llegó es que no había ninguna diferencia entre ambos grupos en cuanto al número de bebés vivos al nacer o el número de bebés que gozaban de un buen estado de salud. El único efecto detectable producido por el uso de la monitorización electrónica fue el aumento de cesáreas y fórceps. De modo que la interpretación más lógica que se desprende de todo ello es que la utilización del monitor electrónico durante el parto resulta peligrosa, hace que el parto sea más difícil y por lo tanto haya que salvar a más bebés con más intervenciones. Gracias a la literatura médica más rigurosa, todo el mundo está al corriente de estos hechos[1]. Ahora sólo nos falta dar el siguiente paso, es decir, tomar conciencia de las implicaciones que conlleva.

Los bajos índices de mortalidad en el período del nacimiento —que disminuyeron a principios del siglo xx y aumentaron de nuevo desde hace treinta años— son debidos a otros factores. Ya no hay ninguna razón para obligar a todos los bebés a nacer en un ambiente electrónico. Ha llegado el momento de preguntarnos qué efectos produce el entorno en el desarrollo del parto y en el primer contacto entre la madre y el bebé. Es la hora de plantear preguntas simples y al mismo tiempo nuevas, la hora de empezar a preparar la era postelectrónica.

~

[1]Se han obtenido resultados similares en estudios centrados en aspectos específicos del nacimiento, tales como la monitorización electrónica fetal antes de empezar el parto, o la monitorización fetal en los partos prematuros. En la bibliografía seleccionada se citan una serie de artículos que sugieren que la era electrónica en los partos está llegando a su fin.

A muchos médicos les resulta difícil creer todos estos hechos e integrarlos, como una prioridad incuestionable, en su práctica diaria. En cambio, algunas comadronas, muchas mujeres, e incluso ciertos médicos, confirman su evidencia. A principios de los años 70 me apresuré a comprar un monitor electrónico para nuestro hospital creyendo que, en algunas circunstancias, disponer de esta información suplementaria nos permitiría tal vez evitar algunas cesáreas inútiles. Después de tres meses de prueba, Dominique, una de las comadronas con más experiencia del equipo, emitió su veredicto: «Para lo único que sirve este aparato es para justificar las cesáreas». Si en su momento se hubiera comprendido la necesidad de intimidad de las mujeres y su necesidad de no sentirse observadas ni controladas, se habrían podido prever los efectos que produciría el uso del monitor y se habría podido evitar caer en el espejismo electrónico.

En las facultades de medicina o en las escuelas de comadronas se prepara a los alumnos y alumnas para responder a determinadas preguntas y a evitar otras… aquéllas que precisamente hoy día nos tendríamos que plantear. Por ejemplo: «¿qué tipo de ambiente puede inhibir a la mujer que da a luz, perturbar el primer contacto entre la madre y su bebé y perturbar también el inicio de la lactancia?».

Éste es el tema clave, simple y nuevo al mismo tiempo, que hay que plantear en este período de transición. Podemos traducirlo al lenguaje médico, incluso podemos convertirlo en tema de examen: «Factores del entorno que inhiben el proceso del parto». No ha habido nunca ningún estudiante de medicina que haya tenido que desarrollar este tema. Y en tal caso, ¿qué hubiera respondido? No habría podido buscar información en ningún manual o al menos en ningún tratado de los que estudian la especie humana; en cambio, nuestro estudiante hubiera podido obtener ayuda en otras ramas de la ciencia que estudian el nacimiento en otras especies de mamíferos. Estos últimos sí que han intentado responder a esta pregunta tal y como la formulamos. Los estudios más importantes al respecto son los de Niles Newton, de la Universidad de Chicago, quien dedicó una parte de su carrera en los años 60 al estudio de los efectos del entorno en el nacimiento de los mamíferos. La especie preferida para sus investigaciones era el ratón. Quería descubrir qué factores contribuían a que los partos fueran más largos, más difíciles y más peligrosos. Y gracias a su obra sabemos qué se puede hacer para aumentar el nivel de dificultad de los partos de las hembras de esta especie. Una de las cosas que podemos hacer es trasladar a la hembra a un entorno que no le resulte familiar, es decir, a un lugar donde no pueda ni ver ni oler lo que normalmente ve en su vida cotidiana. También dificulta el parto el hecho de trasladarla de un lugar a otro mientras está dando a luz. En otro experimento se demostró que una jaula de cristal transparente también hace que el parto sea más difícil. Ésta es una elegante manera de demostrar que los mamíferos necesitan esconderse para dar a luz, necesitan intimidad.

Puedo afirmar, después de haber estudiado durante algunas décadas los efectos del ambiente en el que nacen los bebés humanos sobre el desarrollo del parto, que los planteamientos de Niles Newton se pueden aplicar perfectamente a nuestra especie. Hace bastante tiempo que me di cuenta de la importancia de su obra para interpretar de forma innovadora muchos de los comportamientos que observamos a menudo en el período del nacimiento. Cuando comparo investigaciones científicas como las de Niles Newton con lo que me ha enseñado mi experiencia del parto en el ser humano, no queda ninguna duda: somos mamíferos. Hay que recuperar el tiempo perdido con nuestra obsesión por las diferencias entre especies. No deberíamos avergonzarnos y admitir finalmente que los demás mamíferos pueden ayudarnos a redescubrir lo que hemos olvidado. Y lo que las culturas humanas han olvidado o quieren olvidar es la necesidad de intimidad, de privacidad, de la mujer que da a luz y recibe a su bebé.

Además, no es indispensable referirnos a los experimentos científicos de finales del siglo XX para darnos cuenta de esta necesidad de intimidad durante el parto. Hace ya mucho tiempo que se observó esta necesidad en mamíferos que dan a luz a crías ya maduras y autónomas, como la ternera o el cordero, y también en mamíferos que dan a luz a crías inmaduras, como la rata. La cabra, por ejemplo, que vive en rebaño, se aleja del grupo cuando el parto es inminente. La especie de cabra llamada «Bighorn» busca los lugares más inaccesibles de la montaña y puede aislarse durante días y noches sin comer ni beber mientras espera el nacimiento de su cría. La hembra de la especie de simio llamada «Rhesus» abandona el grupo y se va a los confines del bosque para esconderse. Pero cuando no pueden alejarse del grupo, las hembras de algunas especies de mamíferos encuentran, por lo menos, la manera de aislarse. El ratón, por ejemplo, que es un roedor nocturno, da a luz durante el día. La yegua, que trota de día, da a luz por la noche.

Y llegados a este punto, forzosamente nos tenemos que plantear la siguiente pregunta: ¿por qué los mamíferos se esconden, se aíslan para dar a luz?, ¿por qué esta necesidad universal de intimidad? Está claro que no es para protegerse de los depredadores o de los animales peligrosos, porque en este caso la estrategia sería precisamente la opuesta, buscarían la protección del grupo. Las hembras se esconden para protegerse de los miembros de su propio grupo. Pero, ¿por qué se protegen de los miembros de su propio grupo? Esta pregunta es precisamente el tema de este libro, una pregunta demasiado importante para responderla rápidamente sobre la marcha.

Volvamos primero a las preocupaciones de tipo práctico que nos incumben como especie humana a finales del s. xx. La mujer que da a luz, ¿puede encontrar un ambiente de intimidad en un hospital? ¿Cómo? La llegada de la era postelectrónica se basa en esta cuestión preliminar.

Capítulo 3

El hospital del futuro

Los centros de nacimiento del futuro tendrán muy poco que ver con los servicios de obstetricia de la era electrónica. Dependerán, claro está, de un hospital, es decir, de un centro que, a cualquier hora del día o de la noche, disponga de un equipo médico-quirúrgico que pueda ofrecer a las mujeres y a las comadronas, si fuera necesario, esta maravillosa operación llamada cesárea. La cesárea, realizada con las técnicas actuales y con la anestesia moderna, es el gran avance contemporáneo en el ámbito del nacimiento, un progreso que hay que preservar. Es la intervención de salvación por excelencia. Todos los equipos de urgencias médicas deberían poder llevarla a cabo. Pero hay que impedir que se convierta en la manera habitual de nacer. No debemos utilizarla como excusa para seguir ignorando el proceso normal, fisiológico, del parto.

¿Cómo se puede crear un ambiente de intimidad en un centro de nacimiento? ¿Sería posible que las madres no se sintieran observadas o controladas? ¿Cómo?

Todo el mundo sabe que tenemos más sensación de intimidad en un lugar que nos resulte familiar. Todo el mundo lo sabe…

¡Incluso los que desconocen nuestra condición de mamíferos y los experimentos con ratones! Lo primero que habría que hacer es familiarizar a la futura madre con el lugar donde va a dar a luz, ayudarla para que allí se pudiera sentir como en su casa. Y no basta con una visita guiada donde le muestren la ubicación del despacho de la comadrona, la sala de partos o la sala de la televisión. Para familiarizarse con un lugar hay que visitarlo una y otra vez para hacer algo allí, preferentemente algo agradable. En el futuro, todo aquel que considere prioritario satisfacer la necesidad de intimidad de la mujer se va a preguntar de entrada qué actividades para embarazadas se pueden llevar a cabo en un centro de nacimiento. Lo importante es plantear la pregunta. Las respuestas dependerán de cada centro, de la época, el tipo de población, la personalidad y las preferencias de los animadores o animadoras.

La actividad que nos pareció más adecuada en la maternidad de Pithiviers fue reunirnos para cantar acompañados por un piano. Es fácil organizar un encuentro para cantar, es agradable y barato. Haciendo un cálculo aproximado, el importe de un monitor electrónico serviría para la compra de una docena de pianos de ocasión.

Podríamos hablar ampliamente de estos grupos de canto. El canto se puede considerar un ejercicio respiratorio. También es una necesidad humana, transcultural, que difícilmente se puede satisfacer en esta era del CD, los medios de comunicación y los cantantes profesionales. El canto se puede considerar también desde el punto de vista del feto, cuyo sentido de la vibración madura muy pronto y necesita estimulación. La popularidad del canto coral nos recuerda que el ser humano es un animal social, pero nuestra sociedad no satisface adecuadamente las necesidades sociales de las embarazadas y de las madres: las embarazadas y las madres lactantes normalmente se sienten solas, cuando lo que necesitan es un gran apoyo social; en cambio, la mujer que da a luz tiene a tres o cuatro personas a su alrededor, cuando lo que necesita es intimidad…

Volvamos a la necesidad de intimidad. Cuando compartimos emociones, no sólo ideas, ya sea cantando o bailando, creamos vínculos con los lugares donde lo hacemos. Nos familiarizamos rápidamente no sólo con la gente sino también con los espacios. Mirando atrás, no veo mejor manera que ésta para transformar las imágenes mentales que la palabra «hospital» suscita, a condición, claro está, de que participen también los miembros del equipo: comadronas, médicos, enfermeras, secretarias, junto con los padres, madres, bebés, niños e incluso abuelos y abuelas. El día del parto hay montones de detalles importantes relacionados con la intimidad. Cuando una mujer que está de parto llega al centro, lo ideal es que pueda ocupar ya de entrada el espacio que será su territorio durante todo el proceso, es decir, durante la fase de dilatación, el parto y las horas siguientes. Del mismo modo que el parto de la hembra de ratón de Niles Newton, es más difícil si se la traslada de un sitio a otro, todas las comadronas saben que muchas veces se interrumpe el parto al decirle a la mujer que ha llegado el momento de pasar de la habitación a la sala de partos. Cuando una mujer da a luz fuera de su domicilio tiene que estar por lo menos en tres lugares distintos: en su casa al empezar el parto, en el coche durante el traslado al hospital y finalmente en el centro de nacimiento.

En Estados Unidos visité un hospital que disponía de salas de nacimiento inspiradas en las de Pithiviers. Había un número suficiente, por lo cual cada mujer se podía instalar en la suya y permanecer en ella hasta la llegada del bebé e incluso después. La «salle sauvage» [sala salvaje] de Pithiviers ha sido copiada muchas veces. A mediados de los años 70, era algo completamente nuevo arreglar una sala de un hospital pintándola con tonos marrón y crema, decorándola sin ningún mobiliario médico, ninguna cama ni ninguna mesa. Tal vez no dimos suficiente importancia a algunos detalles que con mi experiencia de partos en casa he comprendido mucho mejor. Puede resultar paradójico que sean precisamente los que tienen experiencia de partos en casa los más aptos para decorar los hospitales del futuro. Hace poco que soy consciente, por ejemplo, de la importancia de las dimensiones de la habitación. También aquí hay que hacer referencia de nuevo a los mamíferos, que habitualmente buscan un rincón, un espacio pequeño; es más fácil tener sensación de intimidad en una habitación pequeña. En casa caemos fácilmente en la tentación de preparar el lugar del nacimiento, decidirlo de antemano (¡aunque sea solamente para proteger la alfombra!). Pero muy a menudo la madre da a luz precisamente en un lugar no previsto, casi siempre en la habitación más pequeña posible, la de un niño o en el lavabo o baño, por ejemplo. Una ducha a veces es más eficaz que un baño, tal vez porque obliga a permanecer durante un tiempo en un espacio minúsculo. Una mujer me dijo una vez: «Sueño con dar a luz en un armario de cocina». Una pareja había forrado con plástico una preciosa alfombra en una espaciosa y acogedora habitación. En el último momento, la mujer se fue al rincón más aislado, detrás del piano, se agarró a un perchero y expulsó en una sola contracción a un bebé de más de cuatro kilos ¡en el único metro cuadrado no forrado de la habitación! En Italia visité una sala de nacimientos que era una réplica ampliada de la de Pithiviers. El ambiente era diferente, realmente inhibidor.

¿El parto es más fácil en una habitación grande o en una habitación pequeña? Éste es el tipo de pregunta simple, nueva y fructífera que nuestra condición de mamíferos nos obliga a plantear.

Otro detalle que con la experiencia cada vez me parece más importante es el desorden. El desorden refuerza la sensación de intimidad. Después de visitar, acompañado por una comadrona, un servicio de obstetricia, al regresar intentábamos encontrar el motivo de la sensación de falta de comodidad que nos produjo. La explicación era muy simple: todo estaba perfectamente ordenado. En Pithiviers, pocas personas se daban cuenta de que a menudo daba una vuelta por las dependencias del servicio, especialmente por la sala de nacimientos, con la única intención de desordenar un poco. Entonces lo hacía por intuición y muy discretamente. Hoy me atrevo a hablar de ello más abiertamente. Cuando me llaman para un parto en casa, si al llegar observo cierto desorden, me siento enseguida «como en mi casa».

Habitación pequeña, un rincón, un poco de desorden… bastará con que añadamos un «detalle» más para que os sintáis en otro mundo si solo tenéis como referencia la sala de partos de un hospital de la era electrónica. Se trata una vez más de redescubrir lo que los demás mamíferos ya saben: cuando estamos a oscuras no nos sentimos observados. La mayoría de hembras buscan un rincón oscuro para dar a luz a su prole. Incluso las comadronas acostumbradas a los partos en casa y deseosas de no perturbar el desarrollo del parto subestiman a menudo la importancia de la penumbra. Y en cambio, la oscuridad podría ser incluso más importante en el nacimiento de los seres humanos que en el de otros mamíferos.

El proceso del parto es un proceso cerebral. La parte del cerebro activa durante el parto es la parte primitiva, antigua, la que tenemos en común con el resto de mamíferos. Es el cerebro antiguo el que debe segregar las hormonas necesarias para producir contracciones uterinas eficaces. Del mismo modo que en cualquier otro episodio de la vida sexual, la actividad de este cerebro puede bloquearse. Y las inhibiciones se producen en el cerebro nuevo, en el neocórtex, en esta parte del cerebro que nos permite ser científicos, racionales y utilizar el lenguaje. La secreción de las hormonas necesarias para que el parto se desarrolle con normalidad sólo se puede producir si se reduce la actividad de este nuevo cerebro. Es por ello por lo que, en determinada fase del parto que llamamos fisiológico, la mayoría de mujeres parece que desconecte del mundo y se vaya a otro planeta. Cambia de estado de conciencia, y este cambio es necesario para que se mantenga el equilibrio hormonal. Si en ese momento, preguntamos a la madre el número de su cartilla de la Seguridad Social, podemos detener el progreso del parto: hemos estimulado su neocórtex.

La luz es, pues, un poderoso estimulante del neocórtex, hecho que ha sido perfectamente demostrado mediante electroencefalogramas. El sentido de la vista es el más «intelectual» de nuestros sentidos. Esto nos permite comprender que la oscuridad durante el parto sea aún más importante para los humanos que para el resto de mamíferos, puesto que el ser humano se caracteriza por un enorme desarrollo del neocórtex, esta parte del cerebro capaz de inhibir los procesos instintivos, involuntarios. El desarrollo del neocórtex es el responsable de que todos los comportamientos instintivos del ser humano sean tan frágiles, que dependan tanto de lo que sucede en el entorno. Aunque está claro que no son necesarias tantas explicaciones para comprender que al cerrar las cortinas reforzamos nuestra sensación de intimidad… Hacer que la mujer se sienta como en casa, tener en cuenta las dimensiones de la sala de nacimientos, estar al corriente de los beneficios del desorden y de la oscuridad… son demandas fáciles de respetar. Basta con ser consciente de su importancia. Además, se pueden aplicar de la noche a la mañana en cualquier maternidad.

Pero al enfocar este tema a largo plazo nos planteamos otras preguntas. ¿Qué recomendaciones podemos hacer a los arquitectos responsables del diseño de las maternidades del futuro? ¿Cuáles serían las dimensiones ideales? ¿Pocos hospitales pero que puedan atender miles de partos al año… o bien muchos centros más pequeños donde no lleguen a mil los nacimientos? ¿Será mejor utilizar formas redondeadas o formas angulosas? En la era del hormigón se emplean materiales sintéticos incluso en la construcción de los centros de nacimiento. Tal vez en el futuro vamos a preferir materiales orgánicos como el barro, la madera o, por lo menos, el antiguo y excelente ladrillo… materiales que respiran, que son capaces de transmitir la humedad de dentro hacia fuera y viceversa. Tal vez nos vamos a preocupar por el electromagnetismo, es decir, no solo por los materiales de construcción o la situación geofísica, sino también por la ubicación de la maternidad en relación a los cables de alta tensión o a las redes eléctricas de las líneas ferroviarias.

Las nuevas generaciones de arquitectos empiezan a advertirnos de que los edificios interactúan no sólo con el entorno sino también con las personas que viven y trabajan en ellos. Algunas construcciones del siglo xx podrían producir en sí mismas efectos nefastos en la salud de sus ocupantes; ya se está empezando a hablar del «síndrome del edificio enfermo».

Lo importante es plantear las preguntas.

Las respuestas ya vendrán solas…

Capítulo 4

En otro planeta

¿Cómo terminará siendo en el futuro el ambiente en el que nazcan los bebés? Cuando entendamos que la palabra «intimidad» significa lo que sentimos cuando nadie nos observa o cuando no sabemos que nos están observando, entonces habremos dado en el clavo. La mayoría de mamíferos ha encontrado la solución más simple posible para preservar su intimidad: esconderse o aislarse.

En muchas culturas que difieren considerablemente de la nuestra parece que las mujeres tienen un comportamiento de este tipo. Wulf Schiefenhovel llegó a filmar con teleobjetivo escenas de nacimiento de los Eipos de Nueva Guinea; allí se ve muy bien cómo la futura madre se esconde entre los matorrales para traer al mundo a su bebé. El completo aislamiento al dar a luz parece que es lo habitual en sociedades tan distintas y alejadas unas de otras como los Turkmenos de los ríos del mar Caspio y las tribus indias de Canadá, por ejemplo. Pero lo que hay que destacar aquí es el hecho de que en todas las sociedades en las que las mujeres suelen aislarse para dar a luz el parto suele ser fácil.

En cambio, no es exactamente así en la mayoría de sociedades que han sobrevivido hasta nuestros días. Lo que sí es común a todas ellas, incluida la nuestra hasta hace muy poco, es la tendencia de las mujeres a evitar, por lo menos, la presencia de los hombres. El parto es cosa de mujeres. Los hombres tienden a querer llamar la atención en el período que rodea el nacimiento. Casi todas las sociedades, al llegar a cierto estadio evolutivo, han conseguido encontrar la manera de canalizar las reacciones emocionales del padre y su necesidad de participar, y al mismo tiempo mantenerlo apartado del lugar del nacimiento. A este fenómeno lo llamamos la «couvade»: el marido imita a la mujer que está dando a luz, a veces es él mismo quien presenta al bebé a la comunidad, también puede recibir atenciones o felicitaciones. Las mujeres han tolerado esta intromisión masculina con motivo de ceremonias como la circuncisión o el bautismo. A partir del siglo XVII, esta intromisión se hizo más frecuente con la presencia del médico en las salas de nacimiento.

No hace mucho tiempo, a mediados del siglo XX, apareció un nuevo fenómeno en la historia de la humanidad, podríamos generalizar, en la historia de los mamíferos. De repente, muchas mujeres empezaron a sentir la necesidad de que el papá del bebé participara en el nacimiento. A principios de este siglo, antes de la era del nacimiento hospitalario, el padre del bebé estaba en casa ocupado en tareas prácticas como llenar cubos de agua. La mayoría de las veces, el parto era sólo asunto de las mujeres. Estos nuevos comportamientos solamente los podemos interpretar en el contexto en que aparecieron. La participación del padre coincide con la concentración de los nacimientos en hospitales y va a la par también con el hecho de que progresivamente las comadronas pasaron a convertirse en un miembro más de un complejo equipo médico. También coincide con la progresiva reducción de la familia hasta llegar a la dimensión de pareja, a la familia nuclear.

Vamos a necesitar tomar mucha perspectiva para valorar estos nuevos fenómenos que nos llevan a diversas y complejas cuestiones extraordinarias. Aunque, por supuesto, podemos sacar conclusiones simples y fáciles de resumir. Podríamos hablar con aforismos. Por ejemplo: «la duración del parto es proporcional al número de personas que haya alrededor».

La mejor manera de hacernos una idea sobre la complejidad del tema y de la infinidad de situaciones posibles es imaginarnos algunas escenas como las que yo he vivido tanto en hospitales como en casa. Y la conclusión que podemos sacar de todas ellas es que se puede adivinar ya de entrada si un parto va a ser largo y difícil o rápido y fácil. Nos bastaría con echar una ojeada rápida a través de la rendija de la puerta. Cuando voy a un parto en casa, la primera impresión cuenta mucho. El hecho de que una mujer, en casa o en el hospital, se encierre en el lavabo y pase el cerrojo es buena señal. El bebé nacerá al poco tiempo. Por desgracia, este comportamiento tan significativo saca de quicio al equipo hospitalario, que cree que su deber es echar la puerta abajo y gritar «No haga eso. ¿Y si nace el bebé? ¿Y si no puede abrir la puerta?».

Cuando veo a una mujer en el suelo, con la intención de irse a otro planeta, sin nadie alrededor excepto una comadrona leyendo el periódico, me permito ser optimista. La comadrona experimentada no necesita molestar a la madre para hacerle tactos vaginales ni plantarse delante de ella a observarla. Entiendo por «comadrona experimentada» la que está acostumbrada a las mujeres que dan a luz en un ambiente de espontaneidad, haciendo ruido si quieren, respirando libremente y adoptando las posiciones que deseen. Saben mejor cómo evoluciona el parto por lo que oyen que por lo que tocan con el dedo. Cuando una futura mamá está sola con el papá del bebé y da la impresión de que él comparte sus emociones y se va a otro planeta con ella —escena inimaginable hace cincuenta años—, también es posible que el parto no sea muy largo ni demasiado difícil. En este caso, tampoco hay nadie en plan de observador. Da la impresión de que no es la mujer sino la pareja la que da a luz.

Pero el pronóstico es muy distinto cuando el hombre se coloca delante de su mujer intentando mirarla a los ojos. Es como si en el preciso momento en que ella está a punto de cambiar de estado de conciencia, el hombre le dijera «Quédate conmigo». El cruce de miradas es un medio de comunicación muy poderoso para los humanos. Se puede utilizar este poder, por ejemplo, en las «holding sessions» para niños autistas, niños con dificultades para comunicarse hasta con su madre: la terapeuta lo obliga a mirar a los ojos a su madre para que pueda volver a entablar la comunicación. Pero en el caso de un parto sucede lo contrario; no hay que retener a una mujer que está a punto de cortar la comunicación. El hombre que se sitúa frente a su mujer está a la vez observando y controlando, dispuesto a sugerirle una posición o una manera de respirar. Esta escena nos hace prever un parto largo y difícil. La situación llega a ser caricaturesca si varias personas (¡a veces hasta una cámara!) están observando.

Algunas mujeres son capaces de esconderse del mundo de tal forma que el comportamiento de su pareja y de las otras personas que estén atendiendo el parto no les afecte, sea cual sea el contexto. Conozco a una mujer que tuvo un primer parto rápido en un concurrido hospital escondiéndose debajo de una toalla. Tuvo a su segundo bebé en casa escondida debajo de una bata.

Aunque el comportamiento de los presentes no importe en tales circunstancias, su mera presencia sí es importante. No hay privacidad sin sentir seguridad. Hay que proteger la privacidad.

El caso de ciertos hombres jóvenes que se quedan cerca del lugar del nacimiento, pero fuera, nos hace reflexionar. Es como si protegieran del exterior la intimidad de su mujer. Si alguien quiere entrar, le paran con un gesto o una frase que pudiera interpretarse como «No, ahora no; ella está dando a luz».

A pesar de la imagen actual estereotipada de la pareja que da a luz, estos hombres jóvenes parece que han redescubierto de forma espontánea lo que podría ser en su origen el verdadero papel de los hombres: proteger el mundo de las mujeres y los bebés. Protegerlos de otros grupos humanos, así como de cualquier tipo de depredadores.

Puesto que actualmente se potencia la creación del vínculo directo entre el padre y el bebé animándole a que se comunique con él incluso cuando todavía está dentro del útero, a participar en el nacimiento, y todo ello en el marco de la familia nuclear, indudablemente sería muy útil preguntarnos por el papel protector del padre y referirnos, también en este caso, a nuestra condición de primates. En los primates, la vinculación entre el padre y el bebé parece que se lleva a cabo a través de la madre. El macho protege a las hembras con las que ha tenido relaciones sexuales y a sus bebés. Que no muestre agresividad hacia el bebé o muestre incluso cierta vinculación con él depende del interés que tenga por la madre. Tal vez es más peligroso de lo que imaginamos que el proceso de creación del vínculo padre-bebé imite al de madre-bebé, puesto que las bases hormonales de ambos procesos son totalmente diferentes. El vínculo entre el padre y el bebé se va creando poco a poco y según una cronología que tendremos que aprender a respetar de nuevo. He asistido a miles de magníficos nacimientos en los que el padre se ha implicado profundamente. Este hecho ha reforzado sin duda la camaradería de la pareja, pero probablemente no su atracción sexual. A veces, al cabo de un año, la pareja se ha divorciado amistosamente y ha «compartido» el hijo en condiciones de casi completa igualdad.

Es importante, pues, que seamos conscientes de la complejidad del tema y evitemos crear nuevas normas. Conozco a mujeres que no se han atrevido a decir que hubieran preferido, en cierta fase del parto, que sus maridos se fueran a dar un paseo por el parque, y también conozco a algunos hombres que se han sentido obligados a participar del parto para no ir en contra de las costumbres del momento. Actualmente, muchas mujeres afirman que no habrían podido dar a luz sin su marido, y muchos maridos consideran el nacimiento de sus bebés como la experiencia más enriquecedora que hayan vivido jamás. Cada caso es distinto: parejas que todavía no han finalizado la fase de seducción, parejas vagamente amenazadas por un conflicto latente, parejas con quince años de vida íntima, madres solteras... Cuando hayan transcurrido algunos decenios podremos distinguir, dentro de la historia del nacimiento, las actitudes relacionadas únicamente con la era electrónica de las que habrán superado la prueba del tiempo. Para desembarazarnos de todas las secuelas de la era que termina, para construir nuevas bases, tendremos que centrarnos en una pregunta cuya importancia aún no hemos comprendido profundamente: «¿Por qué las mujeres que están de parto tienden a evitar la presencia de los hombres?». Podemos proponer diferentes interpretaciones que no son necesariamente contradictorias.

De entrada, el alejamiento de los hombres ayuda a cultivar el misterio, el misterio que representa para ellos el mundo de las mujeres y del nacimiento. Y la atracción sexual se alimenta de misterio. Encuestas recientes como la de Sam Janus en Nueva York refuerzan esta interpretación: según sus estudios, el número de hombres con impotencia sexual que han participado en el nacimiento de sus hijos es elevado. Se trata, en realidad, de falta de interés sexual por su propia mujer. ¿Podríamos, pues, considerar que la participación en el parto tiene un efecto negativo, ya que sabemos que la prolactina, hormona de la lactancia, tiende a disminuir el deseo sexual de las nuevas madres? En realidad estamos generalizando un problema que es propio de nuestra familia nuclear monogámica.

En segundo lugar, durante algunos millones de años de historia de su especie, los humanos han tenido que aprender a domesticar a los animales más peligrosos; unos clanes han eliminado a otros; unas tribus, a otras; unas civilizaciones, a otras. Los únicos grupos humanos que podemos estudiar directa o indirectamente en este planeta son descendientes de los que han sabido desarrollar al máximo su potencial de agresividad, los que han tenido los mejores cazadores y guerreros. Compartir la emoción que impregna un nacimiento es incompatible con educar a un individuo para matar a sangre fría si fuera necesario. En Pithiviers hay una compañía de policía militar móvil; algunos de estos jóvenes policías lloraban al ver nacer a sus bebés y, viéndolos, todos nosotros nos dimos cuenta de lo difícil que podía llegar a ser conciliar una experiencia de este tipo con las aptitudes necesarias para desempeñar su papel social dentro de esta corporación. Esta interpretación nos sugiere que alejar a los hombres de los nacimientos significaba una ventaja en una época en la que el objetivo era dominar a otras especies y a otros grupos humanos. Pero ahora, la supervivencia del planeta ha pasado a un primer plano, y esto significa que tenemos que replanteárnoslo todo.

Sin desestimar a las demás, la interpretación que me resulta más satisfactoria es la que parte, antes que nada, de nuestra condición de mamíferos. Parece ser que, en nuestros orígenes, las mujeres se aislaban para traer al mundo a sus bebés y sólo pedían ayuda en caso necesario y durante las últimas contracciones emitiendo un grito característico. Pero todas las culturas han querido controlar la sexualidad y, sobre todo, el nacimiento de los bebés. En el transcurso de la historia de la humanidad, a la mujer se le ha negado cada vez más la necesidad de intimidad. Una etapa de esta historia es aquélla en la que las mujeres mismas se han ocupado de los nacimientos. Actualmente, con la aparición del médico-hombre, la connotación masculina asociada a la tecnología, la participación del padre del bebé en el nacimiento y la creencia de que la mujer no puede dar a luz sin ayuda, hemos llegado al punto álgido de esta negación de la necesidad de intimidad. Sin embargo, nos estamos dando cuenta al mismo tiempo de lo absurdo de esta situación. Hay que volver al punto de partida y recordar que, por encima de todo, somos mamíferos.

Quiero citar una anécdota que me hizo tomar conciencia de lo irónico de nuestra actual situación. En una pequeña ciudad americana, un grupo de mujeres activistas en pro de la reforma de las condiciones del nacimiento, explica que un obstetra de la localidad muestra una actitud mucho más «humana» que los demás. Comprende que las mujeres tienen necesidad de intimidad para traer al mundo a sus bebés, sabe ser discreto, utiliza luz tenue, no obliga a adoptar ninguna posición ni ningún tipo de respiración, no perturba el contacto piel con piel entre la mamá y el recién nacido y se preocupa por la lactancia. Inocente y despreocupadamente, una mujer añade: «Este ginecólogo más humano que los demás es un viejo veterinario».

En Francia, más que en otras partes, nos gustan y nos influyen las llamadas ciencias humanas: sociología, lingüística, etnología, psicoanálisis, historia... Su razón de ser es este abismo que separa a los humanos del resto del mundo animal. Pero cuando se trata del nacimiento de los bebés, cuando sabemos que las palabras «nacer» y «naturaleza» tienen la misma etimología, la ciencia de los mamíferos debe ser nuestra prioridad.

Capítulo 5

El reflejo de eyección del feto

«Hacer el amor empieza con caricias
y termina como un combate».

Frédéric Leboyer.

En el momento en que tomemos consciencia de lo que verdaderamente significa la palabra «intimidad», deberemos descubrir algunas reglas muy sencillas pero de vital importancia. Estas reglas son las mismas en todas las fases del parto: en la primera fase, o período de dilatación del cuello del útero; en la segunda, llamada habitualmente expulsivo, y en la tercera, donde se alumbra la placenta. Pero en un ambiente de completa intimidad en el que la mujer es totalmente espontánea, cuando se encuentra en una pequeña habitación en penumbra y no se siente observada, estas distintas fases no tienen nada que ver con lo que describen los libros y tratados escritos por comadronas y médicos desde hace tres siglos. La mayoría de ginecólogos no pueden ni siquiera imaginar cómo puede ser un nacimiento cuando nadie controla ni observa a la mujer. La fase más característica de un parto «con el método de los mamíferos» es el momento de las últimas contracciones, justo antes de que nazca el bebé. Lo llamo «reflejo de eyección del feto».

La expresión «reflejo de eyección del feto» sólo la había utilizado anteriormente la científica americana Niles Newton refiriéndose a mamíferos no humanos. Pero ella ya se había dado cuenta, en los años 60, de que en el futuro habría que adoptarla para poder comprender el proceso del parto en los seres humanos, del mismo modo que la expresión «reflejo de eyección de la leche» nos sirve para comprender el mecanismo de la lactancia. Estoy convencido de que Niles Newton tenía razón y cuando, finalmente, llegue el día en que consigamos redescubrir en qué consiste el auténtico arte de la comadrona, comprenderemos que se trata simplemente del arte de no perturbar el reflejo de eyección del feto.

De entrada, hay mucha gente a quien esta expresión no le suena bien. La razón principal por la que la encuentro perfectamente apropiada es porque se corresponde con la expresión «reflejo de eyección de la leche» y con el «reflejo de eyección del esperma». El propio vocabulario utilizado por Newton nos ayuda a comprender que los diferentes episodios de la vida sexual tienden a seguir las mismas pautas. Ella misma es madre y tiene una profunda comprensión del parto y la lactancia. No podemos afirmar, pues, que su terminología sea masculina, sino científica.

La palabra «reflejo» me vino a la mente por primera vez en una situación muy concreta. Habíamos observado que la inmersión en una piscina con el agua a temperatura corporal facilitaba la fase de dilatación del cuello del útero. Si la futura madre se sumerge en el agua en la mitad de esta fase mientras tiene contracciones potentes, habitualmente la dilatación termina muy pronto, en una hora u hora y media en el caso de un primer bebé. Aunque las contracciones sean aparentemente menos intensas y no tan dolorosas, la futura madre siente que son eficaces.

De hecho, los efectos positivos de la inmersión en un baño a temperatura corporal no son sorprendentes, ya que ésta es una forma obvia de reducir drásticamente el nivel de adrenalina. Está bien documentado (particularmente gracias al trabajo de Regina Lederman) que un nivel bajo de adrenalina tiende a hacer más fácil y rápida la primera fase del parto. Hablando de forma general, cualquier persona que tenga experiencia en partos sabe que una situación que provoque un aumento del nivel de adrenalina (miedo, frío, etc.) hace más difícil esta primera fase. No es por casualidad que un observador tan agudo como Grantly Dick-Read titulara su obra más importante «Childbirth without fear» [Nacimiento sin miedo].

Pero cuando ya falta poco para que nazca el bebé, hay una fase en la que súbitamente la mujer siente que sus contracciones ya no son efectivas: cinco, seis, siete contracciones sin ningún avance. En ese momento, muchas mujeres tienen ganas de salir del agua; cuando salen del baño caliente y pasan a una atmósfera más fresca se produce un fenómeno que me intrigó mucho. Es como si la diferencia de temperatura provocara una especie de reflejo y, entonces, basta con dos o tres contracciones para que nazca el bebé, habitualmente en el suelo, al lado de la piscina. Se trata de un auténtico reflejo de eyección del feto. Este fenómeno es difícil de interpretar cuando a uno le han inculcado la idea simplista de que si la mujer segrega mucha adrenalina el parto va a transcurrir más lentamente. La adrenalina es la hormona del miedo y del frío; envía más sangre a los músculos y libera la energía necesaria para luchar o huir. Empecé a reflexionar y tratar de interpretar este fenómeno en otras situaciones de «descarga» de adrenalina que provocaron auténticos reflejos de eyección del feto. Recuerdo finales de partos «a punta de pistola» debidos a un miedo repentino. Muchas comadronas me han contado experiencias parecidas. Parece ser que cuando los caballos eran el medio habitual de transporte, y el oficio de herrador era un oficio común, algunos médicos franceses tenían una manera terrorífica de anunciar el uso de los fórceps; diciendo «calentad los hierros» intentaban precisamente no tener que usarlos. Existen documentos en los que podemos leer que algunos grupos humanos, como los indios de Canadá, ya sabían que, en una fase concreta del parto y en condiciones muy particulares, un miedo repentino podía provocar un «reflejo de eyección del feto».

El párrafo que sigue procede de un libro escrito por un tal J. C. B. después de viajar a Canadá entre 1751 y 1761. Habla de las costumbres de algunas tribus indias. El libro contiene un breve párrafo sobre el parto: «Normalmente las mujeres dan a luz solas y sin dolor, pero siempre fuera de su cabaña, en pequeñas chozas que les construyen expresamente en el bosque o a veces en sus propios campos, cuarenta o cincuenta días antes; si sucede, aunque es raro, que un parto sea difícil, se da una contraseña a los jóvenes para que, de repente, y cuando la mujer menos se lo espere, se le acerquen con grandes gritos para que el susto le facilite la eyección del bebé». Este texto nos transmite un conocimiento extremadamente sutil del proceso del parto. Podemos imaginar que una mujer con experiencia siguiera el acontecimiento desde lejos y, discretamente, en ciertas circunstancias muy concretas y realmente raras, supiera cuándo podría ser útil «inyectar» un poco de adrenalina. Cada palabra es importante en este párrafo admirablemente conciso. Se da el caso de que la choza es «pequeña», detalle revelador para quien conozca el significado de la palabra «intimidad».

Todas estas comparaciones y paralelismos me llevaron a empezar a interpretar los reflejos de eyección del feto que había observado en los partos «con el método de los mamíferos» cuando no hay ninguna interferencia, ninguna diferencia de temperatura ni ninguna palabra que asuste. No es necesario ser un observador dotado de cualidades especiales para adivinar una repentina y fuerte secreción de adrenalina en los partos que acaban rápidamente. Tampoco es necesario ningún análisis de sangre cuando las señales son evidentes. Durante la primera fase del parto, la mayoría de mujeres se muestran más bien pasivas, se acuestan de lado, se ponen a cuatro patas o no tienen ganas de hacer casi nada, pero siempre confían en sí mismas y mantienen su intimidad. En cambio, durante las últimas contracciones tienen súbitamente mucha fuerza... Me acuerdo de una mujer, en un parto en casa, que en pleno reflejo de eyección me agarró con una mano el pelo y con la otra la camisa. ¡Cuánta energía tenía! En ese momento, algunas mujeres suelen colgarse de algo o de alguien y despegan los pies del suelo. La necesidad repentina de agarrarse y doblar las rodillas es tan típica que sería completamente inútil en ese momento hacer un tacto vaginal. Y es ahora cuando muchas mujeres que hasta entonces llevaban puesto algún vestido para proteger su intimidad, se desnudan sin ningún reparo. El reflejo de eyección también provoca mucha sed, una necesidad urgente de beber un vaso de agua; la boca seca es un síntoma que muchos profesionales conocen. La respiración pasa a ser superficial, moviendo solamente la parte superior del pecho; las espiraciones cortas se interrumpen, se bloquean durante las contracciones, y las pupilas están totalmente dilatadas. En las potentes contracciones finales a veces la mujer se muestra rabiosa y golpea repetidamente la pared con el codo o la rodilla. Ésta es también una señal conocida de descarga de adrenalina, como lo es la euforia que invade de repente a otras mujeres.

¿Qué es lo que provoca el reflejo de eyección cuando no hay ni diferencia de temperatura ni palabras terroríficas? Para explicarlo me parece importante, retrospectivamente hablando, un comentario que hizo el antropólogo alemán Wulf Schiefenhovel, gran conocedor de los Eipos, una tribu muy primitiva de Nueva Guinea, cuando visitó Pithiviers. Pocos minutos antes del rápido final de su parto, una mujer dijo: «Tengo miedo, me voy a morir». Y Wulf comentó: «Es curioso. Las mujeres Eipos dicen lo mismo en ese mismo momento». Dos días después, cuando yo estaba intentando comprender mejor lo que la mujer había sentido y había querido expresar, la joven madre afirmó: «Nunca dije eso. Nunca tuve miedo».

Esta historia me llevó a analizar mejor el corto período de transición entre la fase pasiva y el reflejo de eyección. Me di cuenta de que la mayoría de las veces las mujeres, justo antes de la tempestad, verbalizaban un miedo de manera más o menos directa. Podía ser: «Tengo miedo, voy a morir». O bien «¿Qué está pasando?», en un tono de temor por una situación amenazadora e imprecisa. O bien, aun sin decir nada, se las veía súbitamente inquietas. Si durante este breve período de transición no hay ninguna interferencia, no se pronuncia ni una sola palabra para tranquilizar a la mujer o para precisar en qué estadio del proceso se encuentra, si nadie la observa y ella puede expresar su miedo libremente, las fuertes contracciones de eyección emergen con toda su eficacia.

Fue de este modo como llegué a la noción de «miedo fisiológico». Es como si en cierta fase del parto, en el momento en el que hay un cambio brusco del equilibrio hormonal, fuera normal sentir miedo. Y este miedo tiene una función. Además, parece ser que la mayoría de mamíferos sienten también cierta inquietud en determinada fase. Es difícil admitir y asimilar el concepto de «miedo fisiológico» en un mundo que tiende a clasificar las emociones y dividirlas en positivas y negativas, y que suele querer mantener las primeras y eliminar las segundas. Pero al utilizar el lenguaje de los fisiólogos, esta clasificación de las emociones no tiene ningún sentido. Todas las emociones tienen asignado un papel. Así que nos toca aceptar también la noción de dolor fisiológico aplicada tanto a los humanos como al resto de mamíferos, y todavía más en la medida en que sabemos que es necesaria la secreción de determinadas endorfinas para que se libere a su vez la hormona de la lactancia; la prolactina contribuye a terminar la maduración de los pulmones del bebé. Y estas endorfinas podrían desempeñar su papel en la vinculación entre la madre y el bebé.

Estas observaciones no se contradicen con los efectos provocados, conocidos desde hace ya bastante tiempo, por las inyecciones de adrenalina utilizadas de forma experimental durante el parto. Los lectores se habrán quedado con la idea, después de haber leído artículos sobre este tema, que la inyección de adrenalina detiene el parto, lo cual es cierto en la mayor parte de los casos. Pero en realidad, si leemos los artículos de principio a fin y no sólo los resúmenes, veremos que a menudo las observaciones son contradictorias: unas veces la inyección de adrenalina provoca el parto; otras, lo detiene después de fuertes contracciones. En general, la inyección de adrenalina inhibe el parto al principio y provoca un reflejo de eyección casi al final. Esto tampoco entra en contradicción con lo que se sabe de los efectos subjetivos de las inyecciones de adrenalina. Los famosos experimentos de Schacter-Singer demostraron que, dependiendo de la situación, la inyección de adrenalina puede provocar tanto una sensación de euforia como un sentimiento de cólera. En el paradigma científico actual se puede interpretar este efecto paradójico[1].

Como no tenemos ninguna duda de que el ser humano antes que nada es un mamífero, inmediatamente se nos ocurre una

~

[1]Normalmente una descarga de adrenalina tiende a liberar los ácidos grasos mediante la destrucción de los lípidos. Cuando se da una liberación no selectiva de ácidos grasos, el ácido dominante (o sea, el más abundante), es el precursor directo (en este caso el ácido raquidónico) de las distintas prostaglandinas implicadas en el proceso del nacimiento. Los fenómenos que se van sucediendo en este proceso son rápidos y transitorios. Además, la adrenalina actúa a través de dos tipos de receptores uterinos. Los receptores beta son inhibidores, mientras que los receptores alfa son estimuladores. Por debajo de un determinado umbral, solamente se pueden activar los receptores beta, mientras que por encima de otro determinado umbral (cuando hay una descarga de adrenalina), se activan los receptores alfa. El ratio entre alfa y beta tiende a incrementarse hacia el final del embarazo. Ésta es probablemente una razón por la cual el reflejo de eyección del feto es raro en el caso de un nacimiento prematuro, mientras que es común en el caso de bebés más pequeños de lo que les correspondería por su estado de gestación.

pregunta: ¿qué significa esto en un ambiente natural?, ¿qué significa en la selva? Es en este tipo de entorno donde estas interpretaciones cobran todo su significado. Imaginad a una hembra de mamífero amenazada por un peligroso depredador durante el parto. Le resulta una ventaja poder interrumpir el proceso del parto en su inicio, posponerlo y estar lista desde un punto de vista fisiológico para luchar o huir. Pero también es ventajoso, en la fase final, poder terminarlo lo más rápidamente posible para poder luchar y proteger a su descendencia.

La experiencia de partos no guiados, en un ambiente de completa intimidad, en penumbra, con total libertad para hacer ruido y ponerse en cualquier posición, nos obliga también a adoptar una nueva visión de las diferentes fases del parto. En el ambiente habitual del nacimiento moderno, la distinción entre una y otra fase la determina la comadrona o el médico a partir de lo que percibe con el dedo. La dilatación completa del cuello del útero es la que marca la frontera entre la primera fase y la segunda: «Ya está en dilatación completa; ahora toca empujar». Cuando una mujer puede dar a luz con el «método de los mamíferos», el dedo no sirve de nada. Muchos detalles de su comportamiento, como la manera de respirar, lo que oímos o la posición nos dan mucha más información. La primera fase y la segunda ya no se distinguen en función del grado de dilatación del cuello del útero sino según el comportamiento y el estado de conciencia, es decir, en función del equilibrio hormonal. Y el dedo puede engañar. Se puede alcanzar la dilatación completa mucho antes del reflejo de eyección, lo cual ocurre con más frecuencia en algunos grupos étnicos, en particular africanos; y a la inversa, el reflejo de eyección puede darse antes de la dilatación completa del cuello del útero. Según mi experiencia, este último caso se da con más frecuencia en mujeres portuguesas y turcas.

De modo que ahora estamos en condiciones de captar la extrema complejidad del parto, cuya fisiología jamás se ha estudiado con rigor por lo que respecta al ser humano. Esta complejidad hay que contemplarla de forma paralela a otros acontecimientos de la vida sexual. El orgasmo masculino se produce según un modelo parecido: la primera fase, o fase de erección, no depende de nervios que utilicen la adrenalina como mediador; en cambio, la segunda fase, o fase de eyaculación, depende de los nervios simpáticos, que actúan a través de la adrenalina. Tanto si se trata del parto como del orgasmo masculino, se da primero una fase relativamente pasiva seguida de otra más activa, a veces incluso violenta o agresiva.

Debemos permitirnos soñar con la llegada de una época, cuando haya finalizado por completo la era postelectrónica, en la que el arte de la comadrona consistirá antes que nada en el arte de no perturbar el reflejo de eyección del feto. Nada se opone, a priori, a su llegada. La tecnología está lista. El símbolo de esta nueva era será el pequeño estetoscopio de ultrasonidos, del tamaño de una afeitadora eléctrica, llamado «el pequeño 'sonicaid'», con el que se puede escuchar el corazón del bebé de vez en cuando, antes de una contracción, durante y después. Se puede hacer en cualquier posición con la única condición de que la mujer no incline demasiado el cuerpo hacia delante. A medida que el tacto vaginal se vaya utilizando cada vez menos, la auscultación intermitente será la única excusa para perturbar un poco el parto, pero tan poco como sea posible. El momento oportuno para la escucha así como la frecuencia forman parte del saber hacer de la comadrona. La comadrona experimentada tiene en cuenta un montón de factores, por ejemplo, si hay o no bolsa de aguas, el color del líquido, el comportamiento de la mujer o su grado de ansiedad. Llegado al punto de no retorno para el nacimiento por vía natural y cuando es evidente que el parto va a terminar en unos diez minutos, resulta completamente inútil escuchar el corazón del bebé. La auscultación, como cualquier otro tipo de interferencia, es peligrosa en el estadio que anuncia el reflejo de eyección. Incluso hay un momento concreto en el que correríamos el riesgo de inhibir este reflejo y alargar considerablemente el final del parto. De todas maneras, la auscultación resulta imposible durante un auténtico reflejo de eyección del feto.

Aunque los casos de sufrimiento del bebé durante el parto serán cada vez más raros en este futuro que soñamos, no por ello debemos perder la capacidad de detectarlos. Cuando el «método de los mamíferos» sea ineficaz, siempre habrá equipos dispuestos a utilizar la epidural para compensar la deficiente secreción de endorfinas, a hacer perfusiones para compensar las dificultades de la hipófisis posterior para liberar las hormonas necesarias y a practicar cesáreas para salvar a bebés que corran peligro.

Si bien la tecnología está lista para la llegada de esta nueva era, la gente, en cambio, no lo está. No se puede sustituir de la noche a la mañana la obstetricia —disciplina cuya prioridad es controlar el parto— por una actitud radicalmente nueva cuya prioridad sería un parto lo más fácil posible.

Las investigaciones que algunos obstetras están llevando a cabo son una clara muestra de una profunda incomprensión de los procesos fisiológicos del nacimiento y de una fuerte necesidad de controlarlos. Nos encontramos todavía en una fase en la que los investigadores se plantean cuál es la mejor posición para dar a luz; se seleccionan grupos aleatorios de mujeres y se les pide que adopten tal o cual posición. Desde la experiencia de mujeres que no se sintieron observadas dando a luz y que lo hicieron con absoluta libertad he llegado a comprender que la posición en sí misma no tiene importancia; lo que realmente importa es el equilibrio hormonal de la madre. Más bien será su equilibrio hormonal el que influirá en la postura que adopte. Cuando el nivel de adrenalina es bajo, las mujeres tienden a acostarse y quedarse quietas. Si hay una subida de adrenalina, más bien se pondrán de pie. De todas formas, durante el reflejo de eyección del feto, lo importante no es que estén de pie sino que tiendan o sientan la necesidad de ponerse en pie. Al llegar las últimas contracciones, la mejor posición acostumbra a ser la que nadie había previsto.

El hábito de asistir partos que terminan con un auténtico reflejo de eyección nos mueve a tomar una actitud diferente en todas las fases. Esto es así con respecto al periné. Cuando llega la última contracción, la futura madre se encuentra a menudo de pie, inclinada hacia delante, apoyada en el borde de un mueble o bien siente la necesidad de colgarse de algo o de ponerse a cuatro patas... y esto sucede muy de prisa. Basta con acercar la mano para que el bebé no caiga. Se pierde la costumbre de mirar el periné, de tocarlo. No hay que hacer episiotomía. Los desgarros graves suceden muy raramente ante un auténtico reflejo de eyección. Esta observación nos conduce a numerosas interpretaciones que se complementan unas con otras: para empezar, las últimas contracciones no son perturbadas por ningún profesional que dé órdenes sobre cómo pujar o cómo respirar. Sabemos muy bien que en los partos espontáneos, por ejemplo los que suceden en el ascensor o en el pasillo, raras veces el periné resulta dañado. Además, la mayoría de las veces las mujeres encuentran la posición más adecuada para que la vulva se vaya distendiendo poco a poco de la mejor manera posible. Por mi experiencia, creo que los desgarros aparecen muy raramente cuando la mujer está inclinada hacia delante durante las últimas contracciones, si está, por ejemplo, de pie apoyada en el borde de una mesa o bien a cuatro patas. Cuando está colgada de algo o de alguien o bien es sostenida por los hombros, se da un equilibrio entre la fuerza que se dirige hacia arriba y la que empuja al bebé hacia abajo. Esto permite que los músculos de los muslos se puedan relajar completamente, sobre todo los músculos de la parte interior; y son precisamente éstos los que coordinan su acción con los del periné. Cuando se relajan, abren la puerta, y viceversa. No es por casualidad que su nombre en latín sea «custodes virginitatis», es decir, los guardianes de la virginidad.

En definitiva, cuando aparece un auténtico reflejo de eyección habitualmente es inútil ayudar a liberar los hombros del bebé. Precisamente es ayudando a la salida del hombro posterior cuando se producen la mayoría de desgarros. Si es realmente necesario hacerlo a causa del tamaño del bebé, se tiene que hacer con suavidad en el punto álgido de la contracción siguiente a la que ha facilitado la salida de su cabeza.

La necesidad de intimidad no termina después del nacimiento. El ambiente que no perturba el parto es también el que no perturba el primer contacto entre la madre y el bebé. Muchas veces, si la madre se siente libre, lo primero que hace es tocar al bebé con la punta de los dedos. Luego, cada vez más confiada, se atreve a cogerlo en brazos. Es el momento del primer contacto piel con piel y del primer cruce de miradas. Los ojos del bebé atraen poderosamente a los de la madre, y los de la madre al bebé. Hay estudios que han demostrado que el recién nacido humano está programado para dirigir su mirada hacia cualquier cosa que se pueda parecer a un par de ojos situados a unos 30 centímetros de los suyos. Parece ser que el cruce de miradas es un momento privilegiado en la relación madre-bebé; pero siempre hay alguien que lo perturba, sea de forma evidente o de forma sutil. Ésta es la fase del parto en la que resulta más difícil proteger el clima de intimidad; pocos padres saben ser discretos en este momento y respetar esta relación a dos. Solamente en el caso de que esta relación a dos no se perturbe será posible que la primera tetada se produzca durante la hora siguiente, y que el desprendimiento y expulsión de la placenta se lleve a cabo sin grandes pérdidas de sangre. La mejor manera de evitar una hemorragia después del parto es que la madre y el bebé estén uno con el otro, muy calientes, en penumbra y en silencio, sin nadie observando alrededor. La piel y la mirada del bebé ayudan a la madre a segregar la hormona necesaria para que se produzca el reflejo de expulsión de la placenta. Este reflejo se ve reforzado si el bebé estimula el pezón.

Es interesante observar que cuando la madre se siente libre, si no se le dan órdenes ni consejos, siempre encuentra por sí misma una posición que no comprima la vena que devuelve la sangre de la placenta al útero, con lo cual todavía se reduce más la pérdida de sangre. Todos sabemos que cuando se quiere hacer sangrar una vena, por ejemplo para tomar muestras de sangre, basta con comprimirla hacia abajo. O bien se sienta en el suelo un poco inclinada hacia delante porque sostiene al bebé o bien se echa de lado con el bebé en brazos; en ninguno de los dos casos se comprime esta vena grande llamada vena cava. Y del mismo modo que durante el parto no hay que hacer recomendaciones, ahora tampoco hay que sugerir una posición más que otra. Hay que tener en cuenta simplemente que desde este punto de vista sólo hay una mala posición. Es la posición medio sentada con el bebé encima del vientre: en este caso, la vena cava resulta comprimida por el peso del bebé más el peso del útero. Pero esta posición a la que nos referimos es consecuencia de la posición acostada sobre la espalda, propia del parto asistido, que la mujer adopta muy excepcionalmente cuando tiene un auténtico reflejo de eyección del feto. Después de este reflejo, la madre suele estar en posición vertical, activa y alerta durante unos diez minutos. Es como si los efectos de la descarga de adrenalina se prolongaran después del nacimiento. Luego, la mayoría de mujeres siente la necesidad de acostarse, como si el exceso de adrenalina ya hubiera sido eliminado[2]; entonces, la madre suele quejarse de tener frío. La temperatura de la habitación debería ser muy alta, incluso demasiado. Una buena forma de reducir las pérdidas de sangre en este momento es que la madre se tumbe en el suelo. El desconocimiento de estas reglas básicas provoca que se siga

~

[2]Estas observaciones concuerdan con el trabajo de Regina Lederman, quien documentó que los valores de adrenalina vuelven a la normalidad durante los 3 a 21 minutos siguientes al fin del parto.

temiendo la hemorragia posparto. Algunos estudios académicos han mostrado resultados increíbles; por ejemplo, en un hospital británico, el equipo de obstetricia descubrió que si no utilizaban cierto medicamento para estimular la expulsión de la placenta y no cortaban el cordón ni tiraban de él, el riesgo de hemorragia era del 17%. Aunque el riesgo fuera sólo del 1%, nunca me atrevería a asistir partos en casa ni aceptaría a ninguna mujer que hubiera sufrido una hemorragia posparto anteriormente en un hospital. Aunque como estoy tan convencido de que la mayoría de hemorragias se producen por culpa de un ambiente inapropiado, he aceptado casos de este tipo.

Estas reglas tan sencillas que nos permiten mantener un ambiente de intimidad son las mismas en todas las fases del parto y en todos los tipos de parto. Podríamos decir que todavía son más importantes cuando nos enfrentamos a algunas dificultades. No hay que temer un parto de nalgas cuando se ha eliminado todo lo que podría inhibir un reflejo de eyección del feto. Claro está que hay que hacer una cesárea si la primera fase es larga y difícil a pesar de que la mujer se encuentre en completa intimidad. Pero en la mayoría de casos, la vía natural es posible, y si al reflejo le sumamos la posición vertical, no habrá ninguna necesidad de tener que sacar al bebé. Yo no me arriesgaría a asistir un parto de nalgas con la mujer tumbada sobre la espalda. Hay otras circunstancias en las que también sería peligroso perturbar los procesos fisiológicos, por ejemplo en el parto de un bebé de bajo peso, un parto después de cesárea o el primer parto de una mujer de más de cuarenta años. En todos estos casos, la penumbra, que el lugar sea familiar y que no haya ningún observador son condiciones aún más importantes si cabe.

Capítulo 6

Los gatos

ona me telefoneó una tarde porque tenía contracciones de parto. Al llegar a la puerta de su casa escuché con sorpresa el ruido del aspirador. Entre contracción y contracción, Iona aprovechaba para limpiar el apartamento. Cuando sentía que empezaba una contracción, se apoyaba en el respaldo de una silla. Le pregunté si tenía por costumbre hacer limpieza por las tardes y me dijo: «No, en absoluto. No tengo ni idea de por qué lo estoy haciendo».

Cualquier persona que no sea consciente de nuestra condición de mamíferos, pasaría por alto un comportamiento de este estilo. Y si se diera cuenta, no sabría cómo interpretarlo. En realidad se trata de una manifestación del 'nesting instinct', el instinto de nidificación. Este instinto no es únicamente propio de especies que construyen nidos, como los pájaros o los insectos. Es el comportamiento que mueve a cualquier animal a acomodar de una manera u otra el espacio donde va a recibir a su prole. Algunos mamíferos, como el lirón, construyen auténticos nidos.

Mi experiencia de partos en casa me ha llevado a reflexionar mucho sobre este instinto. En las ciudades modernas, la mayoría de mujeres escogen el lugar donde van a dar a luz durante los primeros meses de embarazo; suelen disponer de un seguro médico, una mutua o entidad que les asigna un hospital. Pero sucede que a algunas de ellas les entra fobia al hospital precisamente dos o tres semanas antes del parto, aunque no se atrevan a hablar directamente de ello. Y si consiguen encontrar el valor para comentarlo, la gente de su alrededor rápidamente se encarga de hacerlas entrar en razón. Algunas veces, la futura madre decide, contra viento y marea, que va a dar a luz en casa. Evidentemente no lo habla con el médico, para no tener que oír la primera e inevitable pregunta «¿Qué va a hacer si algo va mal?». Empieza telefoneando a cualquier persona que piensa puede comprenderla. He aprendido mucho de estas mujeres que han conseguido contactar conmigo gracias a un eficaz sistema boca-oído. Su comportamiento es incomprensible para los médicos que se mueven únicamente en los servicios obstétricos de los hospitales, para muchos de los que trabajan en la administración y para toda la gente que ignora que somos mamíferos. Si existen lugares donde está todo previsto para que los nacimientos sean seguros, con comadronas tituladas, máquinas especializadas, equipos quirúrgicos y material sofisticado... ¿Por qué quieren quedarse en casa estas mujeres? ¡Qué inconscientes! ¡Están locas!

A Cristina no le apetecía ir al hospital para dar a luz a su primer hijo, pero acabó cediendo a la presión de la gente seria y experimentada, y su parto terminó en cesárea. Para su segundo bebé sólo se escuchó a sí misma: dio a luz en su casa, en tres horas, de noche y con gran facilidad. Yo dormía en la habitación de al lado y me desperté al escuchar el grito típico del reflejo de eyección. Cristina ya me había advertido al anochecer de que tenía algunos indicios de la inminencia del parto. En un clima de confianza en sí misma, de intimidad total y seguridad, las contracciones fueron muy eficaces. Esto sucede a menudo y hay que preverlo. Cuando visito a una mujer que quiere dar a luz en casa, siempre me pregunta qué tiene que preparar. Y una de mis respuestas es: «Una cama para mí». Con una cama plegable o un colchón en el suelo del comedor tengo suficiente. Cuando dispongo de mi propio territorio donde leer, escribir o dormir, la intimidad de la futura madre está asegurada, y yo me puedo instalar en su casa desde los primeros síntomas. Evidentemente ésta no es la única respuesta a las cuestiones prácticas. En realidad, empiezo hablándole de la calefacción. Le explico que es importante disponer de un calefactor eléctrico que se pueda conectar inmediatamente en cualquier momento y en cualquier lugar, incluso en el mes de julio y en los pisos con las mejores instalaciones de calefacción central; es importante que durante el parto la madre tenga la máxima comodidad térmica. Si hace demasiado calor no cuesta nada abrir la ventana; en cambio, puede resultar más difícil conseguir rápidamente un ambiente cálido si hace frío. Este punto es especialmente importante inmediatamente después del nacimiento; es precisamente entonces cuando hay que calentar mucho la habitación. Si la madre tiembla, no es debido a causas fisiológicas sino simplemente porque no hace suficiente calor. La calidez ambiental facilita el desprendimiento de la placenta; el recién nacido necesita también mucho calor y suele ser conveniente cubrirle la espalda con una toalla tibia aunque la temperatura de la habitación sea muy buena.

No hay que olvidar que el «homo» originariamente es un mamífero tropical, y que la calidez del bebé es algo que el instinto de nidificación de nuestra especie tiene previsto. Si no pasamos por alto este instinto de nidificación en los seres humanos, podremos comprender mejor algunos datos que nos proporcionan las estadísticas.

Veamos, por ejemplo, el caso de Holanda, que dispone actualmente de las mejores estadísticas del mundo respecto de los siguiente parámetros: es el único país donde al mismo tiempo encontramos índices de mortalidad perinatal inferiores a 10 por 1.000, índices de mortalidad materna inferiores a 1 por 10.000 e índices de cesáreas del orden del 6%[1]. Además, es el único país industrializado donde uno de cada tres bebés nace en casa, uno de cada tres lo hace en un pequeño centro llamado policlínica y solamente uno de cada tres en un servicio de obstetricia convencional. Dicho de otro modo, el instinto de nidificación se puede manifestar en más ocasiones aquí que en cualquier otro lugar del mundo. El día en que la obstetricia se convierta finalmente en una disciplina más científica, no tendrá miedo a la hora de afrontar estas estadísticas y comprenderá que adaptar el nacimiento en casa al entorno urbano no significa volver al pasado.

La correcta comprensión del instinto de nidificación tiene, además, numerosas implicaciones prácticas. Habitualmente se insiste a las embarazadas para que escojan el centro donde van a dar a luz lo más pronto posible. De algún modo, se las incita a decidir dónde va a nacer el bebé; pero las decisiones prematuras resultan peligrosas. Elegir es un acto racional, intelectual; en cambio, si se dejaran abiertas todas las posibilidades se podría aplazar la decisión, y ésta sería una actitud mucho más respetuosa para con las fuerzas instintivas que suelen manifestarse únicamente al final del embarazo.

No se puede profundizar en el nacimiento, o mejor dicho, no se puede comprender lo que sucede en el período que rodea el nacimiento sin tener experiencia de partos en casa. El nacimiento en casa es una escuela, una escuela que no ha formado a muchos alumnos en las últimas décadas. Pero estos pocos alumnos tendrán un papel fundamental en la construcción de la era postelectrónica. Una de sus funciones va a ser integrar el nacimiento en casa en la sociedad moderna; otra, diseñar los centros de nacimiento del futuro, situán-

~

[1] El ratio de cesáreas está todavía alrededor del 10% casi veinte años después de la publicación de la primera edición de este libro.

dolos cerca de un hospital que pueda ofrecerles sus recursos y preparando al personal de estos centros para que puedan jugar el papel que en los partos correspondía anteriormente a los miembros de la familia extensa. Pero su misión va a ir más allá. También van a ser figuras clave en el acondicionamiento de los servicios obstétricos destinados a las madres y bebés que necesiten asistencia médica.

En todos los hospitales del mundo se tiende a cometer los mismos errores. Un ejemplo de estos errores podría ser las camas de las habitaciones de nuestras maternidades. Normalmente son altas y estrechas, por lo que las madres no se atreven a dormir con sus bebés por miedo a que se caigan. En consecuencia, hay poco contacto piel con piel o dura poco tiempo, y por consiguiente también resulta más difícil el inicio de la lactancia. El nacimiento en casa nos permite constatar que muchas parejas jóvenes usan camas anchas y bajas, por lo que no hay que temer las caídas. En este caso, pues, la madre no tiene ningún problema para dormir con su bebé. Éste es sólo un ejemplo entre muchos otros que nos permite darnos cuenta de que es sólo después de pasar por la escuela del nacimiento en casa cuando estamos realmente en condiciones de imaginar cómo tiene que ser un hospital. Actualmente, ya no puedo soportar los hospitales a pesar de haber pasado treinta y cinco años de mi vida trabajando en ellos.

El nacimiento en casa, en tanto que escuela, también nos proporciona otros conocimientos que aparentemente no podríamos aplicar a otros ámbitos. Por ejemplo, he aprendido mucho de los gatos. ¿Puede haber alguna relación entre la presencia de gatos en una casa y un parto rápido? Hace unos años no se me hubiera ocurrido que éste podría ser un tema de estudio. No obstante, por lo que he observado, sí existe relación. Un tema nos lleva a otro; si existe relación, es tal vez porque el amor por los gatos y la capacidad de parir fácilmente son dos aspectos de un mismo tipo de personalidad. La persona que ama a los gatos es amiga del silencio, y esto significa que le gustan cierto tipo de caricias, dar a los que piden y amar cuando no se puede esperar nada a cambio. Implica también aceptar la pérdida de control que supone el comportamiento animal, aceptar ser dominado por los hechos. Pero tal vez sea a la inversa, tal vez sea vivir con gatos lo que va moldeando la personalidad. En la vida cotidiana, ¿es posible tal vez que los gatos aporten tranquilidad, serenidad y relajación para regular las hormonas del estrés? ¿O quizá están dotados de un misterioso poder? ¿Podrían influir en el desarrollo de un parto con su simple presencia? No hay que olvidar que en Egipto se veneraba a los gatos como animales sagrados y se momificaban sus cadáveres; gracias a esta costumbre, fue posible descubrir un cementerio con más de trescientos de estos animales. Los egipcios se afeitaban las cejas en señal de duelo por la muerte de un gato; matar a un gato también podía ser castigado con pena de muerte. Y todavía podemos añadir que Bestet, Diosa del amor y la fertilidad, tenía cabeza de gato y cuerpo de mujer. ¿Es posible que los gatos tengan capacidades bioenergéticas que somos incapaces de identificar e interpretar? Estos animales tienen fama de estar dotados de capacidades metafísicas. ¿En qué se basa esta creencia?

Una terapeuta londinense permite que sus gatos se paseen libremente por su consultorio, y ha observado que se sienten atraídos por las embarazadas, especialmente por su abdomen. Algunos médiums afirman que necesitan la presencia de gatos para poder manifestar mejor su clarividencia. También se ha observado que los gatos se sienten más atraídos por ciertas personas que por otras y les gusta especialmente estar encima de algunas partes del cuerpo como el epigastrio o el cuello... Estas zonas corresponden precisamente a dos chakras, estos centros sutiles descritos por los iniciados hindúes que sólo funcionan a pleno rendimiento en una minoría de seres humanos y que los yoguis saben cómo estimular conscientemente. El comportamiento de los gatos es realmente misterioso en muchos aspectos; no se comportan como los perros por lo que respecta a las influencias telúricas y electromagnéticas; se ha observado que suelen colocarse encima de zonas perturbadas como si quisieran reequilibrarlas, regularlas, incluso con cierto instinto de protección. Los perros, en cambio, tienen un comportamiento diferente, exactamente igual al de los humanos. Esta relación misteriosa entre los gatos y las embarazadas parece ser que se conoce desde hace ya mucho tiempo. ¿Por qué los grandes pintores antiguos han recurrido a la presencia de gatos cuando han querido representar la escena de la Anunciación?

¿Puede ser que los gatos tengan una relación especial con todo tipo de mamíferas embarazadas? Ésta es la pregunta que se hace Mark van Doren en su poema «Midwife Cat» [El gato comadrona]:

Till at the threshold of a shed	Hasta en el umbral de una cabaña
She smells the water and the corn	Olfatea agua y maíz
Where a sow is on her bed	Donde una puerca está en su cama
And little pigs are being born.	Y sus cerditos acaban de nacer.
Silently she leaps, and walks	Salta sigilosamente, y anda
All night upon a narrow rafter,	Toda la noche sobre una viga estrecha
Whence at intervals she talks	Desde donde habla a intervalos
Wise to them she watches after.	Conociéndoles, les vigila.

Es tentador proponer una comparación entre los efectos que produce la presencia de gatos en el parto y los efectos que produce el agua o la presencia de una comadrona auténtica. No hay que olvidar que, para algunos psicoanalistas, el gato es, por encima de todo, un símbolo femenino. Jung otorgó al gato un simbolismo erótico en su estudio de los sueños y en su interpretación del origen de las enfermedades mentales.

Todo esto nos lleva a pensar en Igor Tcharkowsky, el mar y los delfines. Igor afirma que los delfines son capaces de comunicarse de forma misteriosa, calificada provisionalmente de telepática, con los bebés humanos en el útero y liberarlos del posible miedo al agua; sueña con un mundo en el que las embarazadas puedan nadar con los delfines, y los bebés puedan nacer acompañados por estos mamíferos marinos. Este nuevo tipo de ayuda entre especies forma parte, claro está, de la nebulosa de los sueños o de la utopía para la mayoría de nosotros… aunque algunos creen que la comunicación a través de la meditación está al alcance de muchos.

¿Por qué no intentamos de entrada averiguar si influyen realmente nuestros animales domésticos en el nacimiento de los bebés humanos y, en todo caso, interpretar esta interacción? Si resulta que el amor por los gatos es importante, la convivencia entre gatos y niñas se reviste de un nuevo significado (y posiblemente algunas actitudes van a cambiar). (Habrá también quien aprovechará el tema para subrayar que es una buena manera de vacunar a los bebés contra la toxoplasmosis, esta enfermedad transmitida por los gatos y que puede contagiarse solamente al bebé dentro del útero). Si lo importante es la presencia misma del animal, algunas mujeres podrían querer quedarse en casa para dar a luz. ¡Pero la mentalidad de los hospitales universitarios tendrá que cambiar mucho antes de que puedan enseñar a tener en cuenta todos estos factores a sus estudiantes…!

Personalmente me he sentido atraído de forma especial por los gatos más que por los perros o cualquier otro animal doméstico porque los gatos se comportan de un modo muy particular en un parto en casa. Son absolutamente discretos; pasan desapercibidos, pero están allí. Parece que se dan cuenta de todo lo que sucede a pesar de su aire de indiferencia. Es como si captaran la importancia del acontecimiento, su carácter sagrado. Hay una especie de recogimiento en su actitud casi meditativa.

Para las comadronas del futuro, el comportamiento de los gatos durante el parto podría ser un ejemplo a imitar. El arte de la comadrona consistiría precisamente en saber pasar desapercibida y, al mismo tiempo, ser capaz de detectar cualquier anomalía, arte que está relacionado con los aspectos más profundos de la personalidad. La capacidad de pasar desapercibido no es un don otorgado a todo el mundo; y hay que tener en cuenta, además, el sexo. En un nacimiento, una mujer es más discreta que un hombre, especialmente una mujer que haya tenido hijos y no tenga miedo, lo que no significa que una mujer que no haya tenido hijos no pueda ser buena comadrona. La mujer que da a luz necesita un tipo especial de intimidad; al llegar a cierta fase del parto, abre sus esfínteres y vacía el recto. En ese momento, necesita esta clase de intimidad que una madre o una mujer que se comporte como una madre o una abuela no va a perturbar. En cambio, la presencia del compañero sexual puede inhibirla. Una persona de cierta edad pasa más desapercibida que una persona joven. La palabra «comadrona» nos hace pensar en la sabiduría que se adquiere con la edad y la experiencia [en francés, «comadrona» es 'sage-femme', que significa literalmente «mujer sabia»]. La palabra «matrona« también evoca la edad madura, y sucede lo mismo en muchas lenguas. La comadrona tradicional americana recibe el nombre de 'grannie' [yaya, abuelita].

La capacidad de pasar desapercibida puede aprenderse mediante la educación y cierta práctica, aunque también es cuestión de técnica. No hacer tactos vaginales o hacer muy pocos es una manera de ser discreta. Tengo algunas grabaciones que podrían ser útiles para formar a las comadronas del futuro. Desde una habitación contigua y sirviéndose sólo de un oído atento y de la experiencia se puede saber casi siempre en qué fase está el parto. El pequeño estetoscopio de ultrasonidos tipo 'sonicaid', no obliga a la mujer a ponerse en ninguna posición concreta para la auscultación de los latidos del corazón del bebé antes, durante y después de una contracción. Este pequeño aparato se convierte en realidad en un gran avance tecnológico… para quien sabe comportarse como un felino.

Lo antiguo y lo nuevo

«El origen de la creencia de los pueblos primitivos de que un sonido —la voz de Dios— había creado la vida reside, tal vez, en el grito del recién nacido que, separado de su madre y luchando con un mundo extraño, gime en busca de una seguridad 'mamífera'...».

Wilfrid Mellers, «Bach y la danza de Dios».

El ser humano está condenado a vivir con dos cerebros. Sea cual sea la perspectiva que escojamos para aprehender el fenómeno humano, desemboca siempre en algún aspecto de esta relación entre nuestros dos cerebros, el antiguo y el nuevo.

Eventos sexuales

Durante el proceso del parto, como ya hemos visto, el cerebro predominantemente activo es el primitivo, el que compartimos con todos los mamíferos y podemos llamar «cerebro arcaico». Es antiguo también en la medida en que alcanza su maduración completa muy pronto en la vida del individuo, es decir, durante el período de dependencia materna. No se puede separar del sistema hormonal y del sistema inmunológico, con los que forma una red compleja que es la base de los sistemas de adaptación y cuya calidad de funcionamiento define el grado de salud del individuo. Este cerebro arcaico —instintivo o emocional— se puede considerar como una glándula que segrega las hormonas que van a intervenir en el proceso del parto, tanto las necesarias para que el útero se contraiga como las de protección frente al dolor.

El proceso del parto se desarrollará más fácilmente cuanto mejor acepte el otro cerebro, el nuevo cerebro, permanecer en reposo. Este nuevo cerebro, el neocórtex, cuyo enorme desarrollo es la principal característica de nuestra especie, sólo alcanza su madurez en la edad adulta. Si está activo durante el parto, perturbará la actividad del cerebro antiguo. Cualquier inhibición, sea durante el parto sea durante cualquier otro episodio de la vida sexual, procede del neocórtex. Es por ello por lo que, en un parto que se desarrolle espontáneamente, según el «método de los mamíferos», llega un momento en el que la mujer parece que desconecte del mundo y se vaya a otro planeta. Este cambio de estado de conciencia indica la reducción del control por parte del neocórtex. Es entonces cuando la futura madre se siente libre y se atreve a gritar, a abrir sus esfínteres, olvida lo que ha aprendido, lo que le ha transmitido su cultura, lo que es «de buena educación». No hay mejor manera de conseguir que un parto sea largo, difícil, más doloroso y, claro está, más peligroso, que estimulando el neocórtex, la cuna de todo tipo de inhibiciones. Se puede estimular el neocórtex mediante la luz, utilizando un lenguaje racional, lógico o comportándose como un observador. En cambio, la sensación de intimidad nos indica que el neocórtex ha reducido su control.

Pero hay que recordar que esta parte del cerebro que está activa durante el parto y otros acontecimientos de la vida sexual se desarrolla a una edad temprana, durante el período primal, el cual incluye la vida intrauterina, el período que rodea el nacimiento y la «edad bebé». Esto nos hace pensar que cualquier tipo de preparación para el parto, cualquier preparación para la vida sexual que se precie de rigurosa, debería centrarse realmente en este período.

Así pues, en nuestro estudio sobre la relación entre «lo viejo y lo nuevo», hemos empezado considerando el comportamiento primario esencial para la supervivencia de las especies: la actividad sexual y, en particular, el proceso del nacimiento. Hemos visto cómo puede inhibirlas el funcionamiento de nuestro nuevo cerebro. También hemos dibujado, situado, la frontera entre el ser humano y los demás mamíferos. Tenemos que añadir que el ser humano es el único mamífero cuyo neocórtex es lo bastante poderoso como para inhibir, reprimir, en definitiva, amenazar los instintos indispensables para la supervivencia de la especie[1]. Si no traspasa esta frontera, el neocórtex se convierte en un instrumento al servicio del cerebro para sustentar la dinámica de la supervivencia. Pero si va más allá, es como si se inmiscuyera en actividades demasiado complejas para su programación inicial, y entonces surge el conflicto.

Los procesos de inhibición se pueden dar en ambas direcciones. Puede ser también que sea el cerebro antiguo, el emocional, el que en determinadas circunstancias inhiba al cerebro racional. Todos sabemos que una emoción intensa puede hacernos perder la capacidad de razonar. Pensemos, por ejemplo, en la persona que se presenta

---

[1]En el ámbito de los nacimientos, los humanos tienen también otras dificultades específicas. En los otros simios, la cabeza del bebé es más pequeña que la pelvis de la madre, la vulva de la madre está centrada, y la cabeza del bebé no tiene que hacer una compleja espiral para salir.

a un examen y, bloqueada por el miedo, es incapaz de resolver una ecuación que en otras circunstancias le parecería fácil.

El lapso entre los dos tipos de conocimiento

Es como si a cada parte de nuestro cerebro le correspondiera una sabiduría distinta, y ambas fueran, aparentemente, irreconciliables. El cerebro nuevo nos ayuda en nuestros descubrimientos científicos, nos proporciona la noción de espacio, los límites, incluidos los límites de nuestra propia existencia, nos otorga el sentido de la propia identidad… Parece ser que el ser humano sólo alcanza esta conciencia de la propia identidad y los propios límites cuando ha llegado a un determinado estadio de desarrollo de su neocórtex, el «estadio del espejo». Y la percepción de los límites del tiempo nos lleva al conocimiento de la muerte.

Las estructuras antiguas, por otro lado, contienen el conocimiento de que somos parte de un todo. Son la base del sentimiento religioso, que trasciende los límites espaciotemporales; el viejo cerebro es también el que empuja a vivir y a sobrevivir y constituye, además, el soporte del sentimiento religioso. Por lo tanto, mientras haya seres humanos que luchen por la vida, el sentimiento religioso se va a manifestar, puesto que es inseparable de la naturaleza humana.

Es significativo que en determinada fase del parto muchas mujeres manifiesten el miedo a la muerte. Pero pasada esta fase, parece que lo trascienden. Es entonces cuando el parto puede terminar muy de prisa con un auténtico reflejo de eyección del feto. Sucede como si el conocimiento y el miedo a la muerte, que el nuevo cerebro alberga, se desvanecieran cuando se llega a un estado de conciencia muy particular. Parece que la mujer que da a luz dispone de un mecanismo fisiológico que la va a liberar, llegado el momento oportuno, de este conocimiento y de este miedo que caracteriza a nuestra especie…

Y este mecanismo fisiológico consiste en la reducción del control por parte del nuevo cerebro.

Desde una perspectiva científica, la auténtica sabiduría es la sabiduría acumulada por el neocórtex. Desde la perspectiva de un Buda, un místico, la auténtica sabiduría sólo se obtiene a través de la meditación, eliminando el remolino de estímulos sensoriales e ideas que continuamente nos distraen. La distancia que separa la sabiduría de uno y otro cerebro es la razón de ser de la filosofía. La filosofía no se puede separar de una época, porque se refiere al saber científico en continua evolución.

Dotados de distintos tipos de sabiduría, ambos cerebros tienen necesidades distintas, tan distintas que parecen irreconciliables. ¿Cómo se puede conciliar la curiosidad científica por un lado y por otro la necesidad irracional de magia, de superstición… la necesidad de creer? No sería ajeno al discurso científico explicar que la fe —satisfacción de una necesidad del cerebro antiguo— influye en la calidad del funcionamiento de los sistemas de adaptación más primitivos, es decir, influye en la salud. Dicho de otro modo, la ciencia actual está en condiciones de interpretar «la fe que salva». Esta explicación nos sugiere que la relación muchas veces conflictiva entre nuestros dos cerebros no va a terminar necesariamente en divorcio. Además, hemos planteado ex profeso de manera simplista la contraposición entre ambos cerebros. La fisiología moderna sugiere que el lado derecho del neocórtex es más cercano al cerebro antiguo que el izquierdo, y que podrían existir algunas diferencias en función del sexo. Además, es evidente que hay situaciones en las que las actividades de ambos cerebros se armonizan, se completan, se potencian. El canto y la función que desempeña en el ser humano es una de estas actividades.

La función del canto

Volvamos a los lugares de nacimiento, a estas maternidades donde las embarazadas pueden reunirse para cantar (véase capítulo 3). El canto es una actividad específicamente humana, y durante el embarazo surgen con mucha fuerza las necesidades humanas fundamentales. No ha habido ninguna sociedad creada por los seres humanos que haya ignorado el canto. Cualquier estudio sobre lo que caracteriza específicamente al ser humano en el seno del mundo de los mamíferos implica una reflexión sobre el canto. Lo he aprendido cantando con mujeres embarazadas en Francia, Gran Bretaña y Estados Unidos.

Una maternidad es el lugar ideal para comprender que la voz puede ponerse al servicio de las estructuras cerebrales más primitivas. Es el caso del grito característico de la última contracción antes del nacimiento y del primer grito del recién nacido. Sabemos cómo provocar gritos parecidos en los animales estimulando mediante electrodos zonas muy precisas del cerebro primitivo.

Pero cuando la mujer pregunta al médico si su nivel de anticuerpos antiD ha aumentado desde la visita anterior, entonces está poniendo su voz al servicio de las capas más recientes de su neocórtex.

En definitiva, al cantar ponemos la voz al servicio de ambos cerebros, el emocional y el que se expresa mediante el lenguaje. La transmisión directa de emociones por medio de la melodía y el ritmo se completa con palabras. El canto es el ejemplo perfecto de cómo este ser humano dotado de lenguaje puede armonizar ambos cerebros. La función vocal no es la única capaz de estar al servicio de ambos cerebros. Sucede lo mismo con la función respiratoria, sin la cual no puede haber actividad vocal. Nuestra respiración está normalmente bajo el control de estructuras nerviosas muy primitivas. Respiramos sin pensar. Pero el neocórtex puede pasar a controlar los movimientos respiratorios. Tengo la capacidad de decidir respirar de prisa y superficialmente. Al cantar, los dos cerebros armonizan su poder de control.

El estudio de la función del canto es clave para la comprensión del ser humano. En realidad, en todas las actividades artísticas, una técnica, es decir, el neocórtex propiamente humano, se pone al servicio de una función controlada por estructuras más antiguas. La técnica del músico permite transmitir emociones a través de los sonidos. La del pintor lo hace mediante signos visuales. La poesía transmite emociones a través de esta forma elaborada de comunicación que es el lenguaje. La técnica del bailarín provoca emociones mediante los movimientos del cuerpo y el ritmo. La gastronomía se basa en las funciones digestivas; el arte de los perfumistas, en la función olfativa, y el acoplamiento ocurre porque existe el erotismo. Cualquier actividad artística se basará en alguna función fisiológica. Es significativo que las palabras «arte» y «artificio» compartan la misma raíz. El arte es, pues, un artificio que los humanos utilizan para armonizar sus dos cerebros.

El ser humano y el agua

Los humanos siempre han intentado atenuar esta división, esta dicotomía entre la razón, por un lado, y el instinto, la emoción, la fe, la pasión, por otro. Siempre han buscado mediadores. El agua es, seguramente, el prototipo de mediador reconocido universalmente en todos los tiempos y en todos los lugares.

Todas las religiones y las artes de sanación han utilizado el poder del agua, desde las fuentes sagradas de las tradiciones antiguas hasta el bautismo de Jesús en el Jordán; desde Esculapio hasta la talasoterapia moderna. La enfermedad del ser humano consiste en la sumisión exagerada de su cerebro arcaico al neocórtex. Por ello, religión y medicina son indisociables. Sanar al ser humano, liberar su sentimiento religioso, armonizar la actividad de sus dos cerebros, todo es lo mismo.

Si en los lugares de nacimiento he comprendido la función del canto, también he aprendido el poder que ejerce el agua sobre los seres humanos. Durante el parto, muchas mujeres sienten una irresistible atracción por el agua. Quieren ducharse, bañarse. El agua es el elemento que permite a algunas mujeres huir, desconectar del mundo cuando están de parto. A las mujeres les atraen las maternidades que disponen de piscinas para partos. En algunas ciudades como Londres se pueden alquilar pequeñas piscinas desmontables y portátiles para utilizarlas en los partos en casa. Como ya explicamos en el capítulo 5, las mujeres se relajan en el agua durante la fase de dilatación del cuello del útero, que de este modo resulta más llevadera y más corta. La inmersión en agua a temperatura corporal puede conseguir efectos espectaculares si la mujer no se sumerge demasiado pronto. En algunos casos podemos observar un fenómeno interesante: a partir de un determinado estadio del parto, cuando la madre llega a un estado de conciencia muy especial, cuando olvida todo lo que ha aprendido o leído, todo lo que ha oído decir, sabe que existe la posibilidad de que el bebé nazca en el agua. Y, de hecho, el nacimiento del bebé humano en el agua es una posibilidad real.

Hay múltiples maneras de descubrir que el hombre es un primate acuático. ¿Qué hacen la mayoría de ciudadanos de todas las edades cuando tienen vacaciones? Se instalan en la playa y contemplan las olas. Y si no están de vacaciones ven una y otra vez «El gran azul». ¿Cuál es el lugar ideal para nuestra luna de miel? Venecia, las Cataratas del Niágara…

Para interpretar el poder que el agua ejerce sobre el hombre, en lo primero que pensamos es en la vida intrauterina, en el líquido amniótico. Nuestro cerebro primitivo se desarrolla durante una fase acuática de nuestra existencia. Pero esto no basta para explicar la atracción que los humanos sentimos por el agua en comparación con nuestros primos más cercanos, los grandes simios antropoides, chimpancés, gorilas y orangutanes. Ellos también tienen una vida prenatal acuática y en cambio no les gusta el agua. ¿Cómo explicar esta diferencia? Para hacerlo, debemos dar crédito a la teoría del surgimiento del hombre formulada en el año 1960 por Sir Alister Ardí, de la Universidad de Oxford. Esta teoría se basa en que una parte del continente africano, especialmente el triángulo Afar, probablemente estuvo cubierto por el mar en la época que corresponde al «eslabón perdido» de la historia del surgimiento de nuestra especie. Cada característica que nos distingue de los simios se puede interpretar como una señal de nuestra adaptación al agua o como un punto en común con los mamíferos marinos. Según esta tesis, el desarrollo espectacular de nuestro neocórtex habría ocurrido en esta fase de adaptación a la vida marina. Konrad Lorenz había establecido la regla de que los animales acuáticos tienen un cráneo mayor que el de sus primos terrestres; la nutria de mar, por ejemplo, tiene un cráneo mayor que el armiño. El «monje budista» o talapión, un simio nadador de Gabón, tiene un gran cráneo en relación a su volumen corporal. Sólo los delfines y las ballenas han llegado a un grado de desarrollo cerebral comparable al de los humanos. Una de las explicaciones más plausibles es que el mar aporta gran cantidad de minerales y otras sustancias alimenticias que favorecen el desarrollo del cerebro[2].

Si tenemos en cuenta estas hipótesis, podemos suponer que nuestros dos cerebros se desarrollaron dentro del agua. El primero

~

[2]Nutricionistas modernos han desarrollado recientemente el concepto de que ciertos ácidos grasos son esenciales para el cerebro. Estos ácidos son los "ácidos grasos poliinsaturados omega-3 de cadena larga", y se encuentran específicamente en la cadena trófica de la vida marina.

se desarrolló mayormente en el agua y dentro del útero; el segundo, el neocórtex, podría haberse desarrollado considerablemente durante una fase acuática de nuestra evolución. Dicho en otras palabras, el medio líquido habría impregnado nuestra memoria individual y también nuestra memoria como especie. ¡Así que no es de extrañar que el agua sea el mediador entre nuestros dos cerebros!

Al nacer en un establo, Jesús nos recordó nuestra naturaleza mamífera. Pero fue sólo después de su bautismo en el río Jordán cuando pudo exclamar: «Si de dos consigues hacer Uno, serás el hijo del hombre»[3].

¿Qué es la salud?

La palabra «salud», aplicada al ser humano, no ha sido definida satisfactoriamente hasta nuestros días. Una vez más, si queremos avanzar en este conocimiento, también será necesario comprender la coexistencia de ambos cerebros. La salud, tal y como la define la medicina, consiste en la ausencia de enfermedad. Esta definición, o más bien la definición implícita que transmiten el vocabulario y los procedimientos médicos, no nos sirve. Si somos capaces de hacer frente al ataque de un microbio es porque gozamos de un buen estado de salud. También podemos adaptarnos a nuevos microbios mediante la lucha, es decir, mediante una enfermedad y su colección de síntomas, y salir victoriosos de ello. Una enfermedad, en realidad, puede ser una manifestación de buena salud.

La palabra «salud» designa más bien el funcionamiento de nuestros sistemas de adaptación, aunque no de todos. ¿Cuáles están

~

[3]Del Evangelio según Tomás (Gospel of Thomas), Logion 106, París: Albin Michel, 1986. (Hay una versión española publicada por Ediciones Obelisco, 2006).

implicados en lo que hemos convenido en llamar «salud»? Sólo podremos responder a esta pregunta cuando entendamos que el cerebro es un todo y lo estudiemos como tal, mientras que el sistema hormonal y el inmunitario son unidades independientes.

El sentido común nos lleva a distinguir perfectamente entre los sistemas de adaptación que corresponden al ámbito de la salud y los que no le pertenecen. Cuando avanzo mi reloj una hora para sincronizarlo con el horario de verano, pongo en juego mi capacidad de adaptación. ¿Pertenece al ámbito de la salud? No. ¿Por qué? En cambio, cuando tengo que adaptarme a un cambio brusco de temperatura, pongo en juego capacidades de adaptación que sí pertenecen al ámbito de la salud. ¿Por qué? Si os dedicáis a estudiar algunos ejemplos más, veréis que todos los sistemas de adaptación implicados en lo que comúnmente llamamos «salud» se desarrollan a una edad muy temprana en la vida del individuo y ya están maduros cuando el bebé se convierte en un niño. La salud es la calidad del funcionamiento de nuestros más viejos sistemas de adaptación, los que maduran primero. El viejo cerebro, pero no el nuevo, está implicado en lo que llamamos «salud». Para comprender el significado de la palabra «salud» no sólo es necesario contemplar separadamente el viejo cerebro y el nuevo, sino que además es necesario desembarazarnos de las barreras artificiales que hemos establecido entre el viejo cerebro, el sistema hormonal y el sistema inmunitario. Se trata de una única red a través de la cual circulan informaciones constantemente. ¿Cómo podemos separar el sistema hormonal y el sistema nervioso si el cerebro antiguo es, antes que nada, una glándula? ¿Cómo podemos considerar el sistema inmunitario como una entidad en sí misma ahora que conocemos mejor el funcionamiento de algunas células como los linfocitos que, según creíamos, únicamente formaban parte de este sistema? Ahora sabemos que los linfocitos, a través de su membrana, pueden segregar hormonas y recibir mensajes hormonales. Pueden también segregar los mismos mediadores químicos que las células nerviosas y ser sensibles a sus mensajes.

Este nuevo enfoque nos lleva a poner el acento en el inicio de la vida del ser humano, el período en el cual el «sistema de adaptación primal» alcanza su madurez. Y todo ello nos permite entrever que todos los acontecimientos que sucedan durante el período primal, es decir, entre la concepción y el final de la primera infancia, influyen en la fase de maduración del viejo cerebro y de los demás sistemas de adaptación implicados en lo que hemos convenido en llamar «salud».

Los comportamientos básicos que pueden influir positiva o negativamente en el estado de salud están, indiscutiblemente, profundamente enraizados en estructuras muy antiguas a las que pertenece este viejo cerebro y sustentados por ellas. Actualmente podemos asegurar que la situación patológica típica, es decir, la situación típica que hace enfermar, es el estado de sumisión. Es lo que sucede cuando no es posible ni huir ni luchar frente a algún tipo de amenaza. La única posibilidad es someterse. Cuando las ratas reciben una serie de descargas eléctricas, no enferman por culpa de estas descargas sino por no poder luchar ni huir en el momento de la agresión. Cualquier situación de sumisión comporta la secreción de índices elevados de hormonas, como el cortisol, cuyo efecto prolongado constituye una especie de suicidio fisiológico. Algunas cadenas metabólicas son particularmente vulnerables, y los desequilibrios tienden a ir siempre en la misma dirección. Por ejemplo, se desequilibran esos reguladores celulares que llamamos prostaglandinas. Cuando un recién nacido aprende en el nido que es inútil gritar, expresar sus necesidades, está experimentando un estado de sumisión. Los mecanismos de defensa frente a situaciones patógenas también tienen raíces profundas; uno de estos mecanismos es la cólera. En los experimentos con animales se ha conseguido provocar un comportamiento colérico estimulando una zona precisa del cerebro primitivo. Es interesante observar que en este caso los ataques se dirigen hacia los animales dominantes. La cólera es una reacción sana que minimiza los efectos nefastos de una situación de sumisión. Es un comportamiento muy primitivo. Todos sabemos que un niño de doce meses puede experimentar auténtica cólera; puede también compensar necesidades básicas no satisfechas mediante cualquier tipo de sustitutos. Éste es el significado del objeto de transición, este objeto al que el niño se vincula profundamente, por ejemplo, la vieja sábana o manta sucia.

Así, del mismo modo que en el estudio del parto y de otros sucesos de la vida sexual, del mismo modo que en el estudio de las funciones del canto, el significado del arte, del sentimiento religioso y del poder del agua, una definición moderna de la palabra «salud» presupone tener en cuenta la dualidad de nuestro cerebro.

El hombre ecológico

Cualquier cuestión, cualquier tema de estudio, cualquier interpretación del fenómeno humano debe situarse en el contexto de una biosfera en peligro. El ser humano debe ser estudiado, de entrada, en tanto que potente agente de desertización, en tanto que superdepredador. A causa de su capacidad para aniquilar cualquier forma de vida, el mamífero humano merece ocupar un lugar completamente aparte del resto del mundo viviente.

Desde que la ciencia ecológica ha desembocado en la toma de conciencia ecológica, muchos se han preguntado qué podríamos hacer para dejar de destruir el planeta. Unos han puesto todas sus esperanzas en una tecnología adecuada, una tecnología ecológica; otros confían en una sociedad ecológica; otros han introducido las nociones de filosofía ecológica y humanismo ecológico. Yo sostengo que lo prioritario debería ser la génesis de un hombre diferente, la génesis de un hombre ecológico, de un hombre que tenga una actitud positiva hacia la vida.

Todos los que están familiarizados con los niños muy pequeños saben hasta qué punto nuestra actitud hacia la vida está profundamente enraizada, integrada en nuestra personalidad desde la más temprana edad. María Montessori explicó la significativa historia de un niño hindú de dos años que miraba al suelo y dibujaba una línea con el dedo; una hormiga andaba con dificultad porque había perdido dos patas, y el niño intentaba ayudarla allanándole el camino con el dedo. Un compañero se le acercó, vio la hormiga y la aplastó. Con esta historia, María Montessori nos quería mostrar cómo la actitud positiva hacia la vida puede haber sido destruida ya a la edad de dos años. Un estudio comparativo de distintas culturas nos sugiere que algunos grupos humanos han sabido preservar una especie de instinto ecológico. Los Pigmeos, por ejemplo, dicen: «No taléis jamás un árbol». Es significativo que las culturas que muestran mayor respeto por la vida, por la Madre Tierra, como los Maoríes, los Pigmeos, los Huicholes, son también las que perturban menos la relación madre-bebé. Un bebé pigmeo normalmente es alimentado al pecho durante más de cinco años y por las noches sólo recibe el cálido abrazo de su madre. Dicho en otras palabras, parece que existe una correlación entre la naturaleza de la relación entre el hombre y la Madre Tierra, y la naturaleza de la relación entre el bebé y su madre. El estudio del vínculo entre el hombre y la Tierra no se puede separar del estudio del proceso de creación del vínculo entre el bebé y su madre. Los que han estudiado el proceso de creación de un vínculo según el método científico han puesto de manifiesto la noción de períodos críticos, períodos sensibles, períodos cortos que no se repetirán jamás y que muchas veces se sitúan alrededor del nacimiento. Lo han afirmado así los etólogos, estos científicos que, gracias al trabajo de pioneros como Konrad Lorenz, se dedican a observar el comportamiento de los animales y de los humanos. También lo han afirmado los que han estudiado las bases hormonales de este proceso de vinculación, incluyendo el papel que juegan opiáceos naturales como las endorfinas, cuya propiedad es crear costumbres, estados de dependencia. El sistema de endorfinas es importante en el período que rodea el nacimiento.

Parece ser, pues, que los períodos importantes, llamados críticos o sensibles, en los que el vínculo madre-bebé puede ser debilitado o respetado, se sitúan en la edad en que el cerebro primitivo todavía está en vías de desarrollo. Afirmar que la actitud hacia la vida es un rasgo del carácter profundamente arraigado que se puede reconocer a la edad de dos años es atribuir un papel preponderante a este período en el que se desarrolla el cerebro que compartimos con todos los mamíferos, es decir, el período de dependencia de la madre. Una actitud positiva hacia la vida parece que está asociada con el desarrollo sin trabas de un fuerte cerebro primitivo, arcaico, instintivo.

Claro está que el hombre ecológico será, además, un científico. La ecología, es decir, el estudio de la interrelación entre las plantas, los animales y su entorno, es, antes que nada, una ciencia. Concierne también a nuestro neocórtex. Implica al hombre en su totalidad. El hombre será digno del apelativo de «sapiens» el día que ponga su superordenador neocortical al servicio de la vida, al servicio de un poderoso apego a la vida.

Las prioridades que se desprenden de nuestra reflexión sobre la génesis de un hombre ecológico son diametralmente opuestas a las prioridades que se proponen habitualmente. Según intelectuales como Arthur Koestler, lo correcto sería pensar que el neocórtex todavía no controla suficientemente las locuras del cerebro arcaico. Arthur Koestler, autor de títulos significativos como «El caballo y la locomotora» y «Jano», soñaba con el descubrimiento de una combinación de enzimas que pudiera otorgar al neocórtex el derecho a veto sobre el cerebro animal y pudiera corregir la metedura de pata evidente de la evolución. Esta confianza absoluta en el intelecto asociada al desprecio por la sabiduría del cerebro instintivo, este cerebro que nos empuja a vivir y sobrevivir, sólo nos puede llevar a un suicidio individual o colectivo. La lucha por la vida no es racional. Y no olvidemos que Koestler se suicidó.

Tomemos ahora el punto de vista opuesto al de los intelectuales suicidas. Ha llegado la hora de rehabilitar el cerebro primitivo, de otorgar un voto de confianza a su poder defensor de la vida siempre que no lo hayamos «domesticado» durante el período de dependencia de la madre. La domesticación del cerebro primitivo no empieza con el aprendizaje autoritario y precoz de la limpieza, es decir, del control de los esfínteres. Empieza mucho antes… ya en la primera tetada.

Calostro y civilización

El calostro es lo que el recién nacido encuentra en el pecho de su madre antes de que esté disponible la leche propiamente dicha. El calostro nos recuerda la primera tetada y es el símbolo de lo instintivo. Pero el calostro es también aquello que se le niega al bebé del hombre cultural y nos recuerda la represión a la que sometemos nuestras fuerzas instintivas.

Si queréis maravillaros con la complejidad de los procesos fisiológicos del nacimiento, si queréis descubrir la sutileza de su intricado funcionamiento, estudiad el calostro. Dedicadle horas, días, meses y tan sólo os habréis asomado a una ínfima parte de este tema tan rico en matices que se puede abordar desde múltiples perspectivas.

Fijémonos, de entrada, en el hecho de que el calostro, ya desde las primeras horas, proporciona en abundancia un auténtico «concentrado» de anticuerpos, sustancias que nos protegen frente a lo que nos resulta extraño, sean microbios, virus o células vivas que no nos pertenezcan. Los más abundantes, llamados IgA, son anticuerpos que el recién nacido aún no sabe fabricar y que la placenta no le proporciona. Se pueden encontrar decenas de gramos por litro durante las primeras horas que siguen al nacimiento. Son protectores de las frágiles mucosas del intestino y del árbol respiratorio. Estos anticuerpos tienen un cebo privilegiado, los microbios y virus que se encuentran alrededor de la madre, es decir, aquéllos con los que el bebé tendrá que convivir desde el momento del nacimiento.

El calostro de las primeras horas contiene también millones de células inmunitarias por milímetro cúbico, cantidad que se habrá reducido a algunos miles a la semana siguiente. Estos «macrófagos» y glóbulos blancos diversos son capaces de neutralizar y digerir los gérmenes más temibles. El calostro es, en realidad, una auténtica armada capaz de regular cualquier tipo de infección. Contiene hasta 10 gramos por litro de lactoferrina, una ingeniosa arma antiinfecciosa. Una molécula de lactoferrina puede capturar y camuflar diez átomos de hierro a fin de que las bacterias pasen hambre, se debiliten y sean más vulnerables. Por ahora, tenemos una lista todavía provisional de armas antiinfecciosas. Cada una actúa de una forma determinada; entre ellas encontramos la lisoenzima, el interferón, el complemento, los enlaces del ácido fólico… Llegar al mundo es sumergirse brutalmente en el mundo de los microbios. No hay ningún microbio en el intestino del feto que va nacer, pero veinticuatro horas después del nacimiento, podemos encontrar millares por gramo. Estos microbios serán distintos si el bebé no ha tomado nada, si le han dado agua azucarada o un «pequeño» biberón de leche artificial o si ha tomado solamente calostro. El futuro de la flora intestinal va a depender de la naturaleza de los gérmenes que consigan ser los primeros en ocupar el territorio. Si el recién nacido sólo ha tomado calostro, los gérmenes más numerosos van a ser del grupo de las bífidobacterias, junto con algunos colibacilos a los que el bebé ya se ha adaptado porque proceden de su madre. El recién nacido necesita contaminarse lo más rápidamente posible de microbios satélite de su madre, es decir, microbios domésticos, para que tenga una mejor protección frente a la agresión de microbios más peligrosos.

De hecho, es artificial separar el estudio de las estrategias antiinfecciosas del estudio de los factores que refuerzan la mucosa intestinal. Al nacer, el intestino es muy permeable, especialmente a proteínas extrañas, virus, toxinas microbianas y gérmenes. Pero la mucosa intestinal se verá reforzada con mayor rapidez cuanto más calostro tome el bebé. Factores de crecimiento como la taurina o el factor de crecimiento epidermial favorecen que la mucosa prolifere rápidamente; se les pueden comparar otros factores de crecimiento que no tienen ningún objetivo en particular, como el zinc. Habría que estudiar muy bien qué cambios van sufriendo las sustancias nutritivas a partir del momento en el que el calostro se convierte en leche.

No vamos a insistir ahora en recordar la naturaleza especial de los cuerpos grasos que intervienen en la composición del calostro, especialmente su riqueza en ácidos grasos «poliinsaturados de cadena larga», parecidos a los que encontramos en los aceites de pescado o en algunos aceites vegetales muy valiosos desde un punto de vista nutritivo como el aceite de onagra. Ya sabemos que este tema es importante puesto que el ser humano se caracteriza por el enorme desarrollo de su cerebro, formado en gran parte por cuerpos grasos en cuya estructura intervienen los ácidos grasos poliinsaturados de cadena larga.

Estudiar la complejidad inimitable del calostro supone estudiar día a día la rápida evolución del grado de concentración de las diferentes sustancias nutritivas y antiinfecciosas presentes en él. Y también maravillarse ante el comportamiento de ese recién nacido que busca el pezón… y lo encuentra durante la hora siguiente al nacimiento. Cuando madre y bebé están uno junto al otro, muy calientes, en penumbra, en completa intimidad, el bebé encuentra el pezón a menudo en media hora o como máximo en cuarenta y cinco minutos o una hora después de nacer. ¿Cómo se orienta el bebé para encontrar el pecho? Parece ser que existen diversos factores tales como una pequeña diferencia de temperatura con respecto a la piel circundante, de más o menos medio grado, y sobre todo un olor especial. Por eso es tan importante evitar olores agresivos en los lugares de nacimiento. Además, la madre, impregnada aún por las hormonas que le han permitido dar a luz, todavía en un estado de conciencia especial que la mantiene desconectada del mundo, sabe cómo coger a su bebé y cómo coordinar sus movimientos con los del recién nacido para ayudarle. Esto es así hasta tal punto que he visto cómo mujeres que no tenían ninguna intención de amamantar daban el pecho a su bebé media hora después del nacimiento.

No puedo evitar pensar en estas escenas cuando los intelectuales afirman que los seres humanos no tienen instinto. Ellos no han visto jamás a una madre y a su recién nacido en una atmósfera de completa intimidad, de total espontaneidad. Incluso la expresión «poner el bebé al pecho» utilizada a veces a propósito de la primera tetada, indica un desconocimiento del potencial instintivo del ser humano en tales circunstancias. Según mi experiencia, el bebé recibe su primera tetada durante la hora siguiente al nacimiento en casi todos los partos en casa. Pero no hay nadie que «ponga el bebé al pecho». Madre y bebé se coordinan muy bien. Basta con no molestarles.

Repletos de admiración por el calostro y por las capacidades instintivas del ser humano, tenemos la tentación de plantear una pregunta inocente: ¿es posible imaginar sociedades tan crueles que tengan por norma impedir a los bebés recibir esta valiosa sustancia?

La respuesta a esta pregunta es una clave para comprender el fenómeno humano. La inmensa mayoría de civilizaciones estudiadas por la historia y la antropología disponen de artificios para hacer imposible o al menos limitar el consumo del calostro. Muchas de ellas incluso lo consideran una sustancia nociva que hay que evitar tomar, que hay que exprimir y tirar. Esta actitud negativa con respecto al calostro es casi universal.

Para la mayoría de culturas africanas, el calostro es una especie de pus, un veneno que hay que evitar ingerir. Esta creencia ha sido documentada con exactitud en grupos africanos de Sierra Leona y Lesoto; muchas tribus cuentan con rituales para perturbar o retrasar el consumo de calostro. En cambio, los Pigmeos sí facilitan la tetada precoz, pero son un caso excepcional; los Bembas, en Zambia, por ejemplo, tienen por costumbre dar grumos de cereales a los recién nacidos para que abran la boca más fácilmente antes de que la madre les dé el pecho. De hecho, la madurez en el comportamiento de los recién nacidos negros africanos en comparación con los recién nacidos blancos ha pasado más o menos desapercibida hasta ahora, puesto que en este continente normalmente y por tradición el primer contacto entre madre e hijo se perturba. Recientemente, un equipo médico de Malawi, yendo en contra de sus propias creencias culturales, se planteó si el hecho de que el bebé mamara pronto reduciría el riesgo de hemorragia posparto. Para encontrar la respuesta tuvieron que experimentar y aprender qué pasa cuando el período que rodea el nacimiento no se ve perturbado por influencias externas. No encontraron respuestas en los libros. En el Hospital Central de Lilongwe intentaron evaluar el tiempo medio entre el nacimiento y la primera tetada en condiciones de privacidad. Puesto que no había ninguna referencia en los archivos nacionales médicos, y por lo tanto no tenían ideas preconcebidas, no se sorprendieron al encontrar que el tiempo medio era de entre 7 y 8 minutos, siendo el tiempo más rápido de 3,5 minutos y el más lento de 15. Desde mi propia experiencia he observado que para un niño blanco este período es de 45 minutos. Una comadrona sueca observó tiempos de 55 minutos.

Siempre ha habido una opinión consensuada en Asia de que el calostro es malo. Dos siglos antes de Cristo, en la India, la medicina ayurvédica ya recomendaba miel y mantequilla diluida durante los cuatro primeros días, y el primer calostro se exprimía y tiraba. En Afganistán, el 'fela' o calostro era sustituido por hierbas amargas, golosinas y granos de isopo. En Japón se daba un elixir llamado 'jumi gokoto' durante los tres primeros días. Se preparaba con determinadas hierbas y raíces. El número de ingredientes variaba según la casta: para los bebés de clase rica se utilizaban hasta diez ingredientes en la preparación, mientras que sólo eran cinco los que componían el elixir de los bebés pobres.

Estos comportamientos y creencias están profundamente arraigados. En la moderna Corea, por ejemplo, donde se amamanta al 60 ó 70% de los bebés, la lactancia materna se inicia el cuarto día, después de tres días alimentando al bebé con biberones. Ni los médicos ni las madres se cuestionan esta práctica, que está relacionada también con la separación de madres y bebés durante su estancia en el hospital. Es curioso el hecho de que las madres acepten sin protestar esta separación, y en cambio sería inconcebible para ellas hospitalizar a un niño de más edad sin que le acompañara continuamente un miembro de su familia.

Las rutinas son más o menos las mismas en el conjunto de China, con algunas variaciones locales o regionales; constituyen un ejemplo de las profundas secuelas de un largo pasado. En todos los lugares de nacimiento que visité en mi viaje a China en 1977 se negaba el pecho a los recién nacidos durante los tres primeros días. Y no ha cambiado nada desde entonces. Los chinos gastan más energía en estudiar la fecundación in vitro que en estudiar y divulgar las propiedades del calostro.

La actitud negativa frente al calostro no excluye al continente americano, donde se ha documentado también esta actitud, especialmente entre los Indios de Guatemala. Los Sioux perturbaban notablemente el inicio de la relación madre-recién nacido, y el consumo del calostro no era algo compatible con sus rituales. Incluso en una sociedad muy «matrifocal» como los Mayas parece ser que se perturbaba mucho el momento de la primera tetada. Brigitte Jordan tuvo ocasión de estudiar las prácticas de una comadrona de la península de Yucatán que había preservado algunas tradiciones ancestrales. No nos dice que consideren que el calostro es malo ni que se prohíba la tetada precoz; pero las cintas de vídeo, los escritos y la manera de expresarse de Brigitte Jordan nos dan a entender que raramente se daba la posibilidad de consumir el calostro de forma temprana. El bebé no estaba en brazos de su madre antes de que la comadrona lo hubiera bañado, fajado y, eventualmente, se le hubiera ofrecido un poco de agua. Y en el caso de las niñas, se les perforaban las orejas antes de que transcurriera una hora.

De los relatos de nacimientos de los aborígenes australianos podemos deducir que el bebé no mamaba inmediatamente. Annette Hamilon, por ejemplo, estudió las condiciones en las que transcurrían los nacimientos en la costa norte de Arnhem Land, en una zona donde la influencia europea fue muy débil hasta 1930. Explica que en primer lugar se colocaba al bebé en una mecedora de corteza o bien en una manta o en brazos de la abuela o las hermanas. Los Maoríes se desmarcan del resto de culturas oceánicas porque no ponen ningún impedimento para que se amamante al bebé inmediatamente después del nacimiento.

Occidente también ha manifestado siempre su desprecio por el calostro. En el siglo VI a. C., J. C. Prokopios recopiló las costumbres de los puebles nómadas del sur de Suecia. El recién nacido era colgado de un árbol inmediatamente, envuelto en heno y alimentado con médula ósea. En épocas bíblicas se exprimía el calostro y se purgaba al bebé con miel para limpiar el intestino hasta que la leche propiamente dicha estuviera a punto. Los médicos griegos, los romanos y seguidamente los del occidente de Europa tuvieron las mismas creencias. En el siglo II d. C., Soranus enseñaba a las madres que tenían que esperar tres semanas antes de dar el pecho. En la Edad

Media, el agua de rosas era una de las purgas más utilizadas. A veces se ponía a un niño mayor al pecho porque se consideraba que ya estaba preparado para digerir el calostro. En Bretaña, el bebé no podía tomar el pecho antes de ser bautizado, es decir, no antes de los dos o tres días de edad; si el bebé hubiera tomado leche antes de la ceremonia, el diablo podría haber penetrado en su cuerpo a través de ella.

En Inglaterra, en la época de los Tudor y los Estuardo, el calostro era considerado abiertamente como algo peligroso y había que tirarlo. A la madre se la consideraba impura mientras persistieran los loquios, las pérdidas de sangre subsiguientes al parto. No podía dar el pecho antes de asistir a una ceremonia religiosa de purificación llamada 'churching' [que ocurre en la iglesia]. A la espera de esta ceremonia, se purgaba al niño, ya fuera con mantequilla, miel o azúcar o también con almendras dulces o vino azucarado. Muchas pinturas nos muestran la imagen de un bebé alimentado con cuchara mientras su madre está en la cama descansando.

El primer médico occidental que discrepó de sus colegas, alabó las virtudes del calostro y abogó por la lactancia desde el momento del nacimiento fue probablemente William Cadogan, a fines del siglo XVIII. Después de darse cuenta de que el calostro de por sí ya tiene un efecto purgante, desestimó la idea de purgar al bebé. No es por casualidad que la mortalidad de los recién nacidos disminuyó considerablemente en Gran Bretaña a finales de este siglo. Pero, de hecho, sus ideas no se extendieron por el resto de países occidentales, y muy pocos bebés pudieron disfrutar del calostro durante los siglos XIX y XX. Cuando en los años 70 expliqué en un congreso cuál es la atmósfera idónea para que el bebé tome el pecho durante la hora siguiente al nacimiento, muchos creyeron que mis explicaciones eran fruto de mi fantasía.

Actualmente nadie se atrevería abiertamente a discutir el valor insustituible del calostro. Está bien visto repetir una y otra vez que se debe «poner el bebé al pecho» lo más pronto posible. Pero en realidad es un tema molesto sobre el que parece que es mejor no insistir. La gente importante tiene cosas mejores que hacer que profundizar en él. Haced una prueba. Consultad cualquier biblioteca médica, empezad a investigar sobre la palabra clave «calostro», y enseguida os vais a dar cuenta de que los veterinarios publican más sobre el tema que los médicos. Y no sólo porque a los bovinos no les llegan tantos anticuerpos a través de la placenta como a los humanos. Los criadores de caballos de carreras saben que un potro que no haya tomado calostro nunca podrá ser un campeón.

Lo que sucede es que nos descargamos del sentimiento de culpabilidad enorgulleciéndonos del valor del calostro y, en cambio, continuamos manteniendo unas condiciones de nacimiento que hacen imposible que los bebés lo puedan tomar lo antes posible y en su totalidad. De entrada, en los hospitales modernos pocas mujeres pueden alcanzar el equilibrio hormonal que les permitiría dar a luz por sus propios medios. Necesitan medicamentos sustitutivos que perturban, por efecto dominó, los demás procesos fisiológicos. Y cuando el bebé acaba de nacer, siempre hay algo más urgente que hacer que proteger la intimidad de la pareja madre-bebé. La madre y el bebé muchas veces están rodeados de hormigas atareadas: inyectan a la madre una hormona sintética para que se desprenda más fácilmente la placenta, no pueden esperar para cortar el cordón, aspiran al bebé aunque grite con todas sus fuerzas, iluminan la sala sin ningún escrúpulo para ver cómo está el periné, someten al bebé al test Apgar, es urgente poner gotas en sus ojos, pesarlo, descartar cualquier tipo de malformación, tienen prisa por ver la placenta, hay que limpiar la sala rápidamente y prepararla para el siguiente parto, el bebé tiene que estar en el nido la primera noche porque la madre necesita descansar y nadie duda en darle un poco de suero glucosado o incluso un «pequeño» biberón de leche…

Hoy día tenemos maneras sutiles e indirectas para reducir el contacto entre la madre y el bebé. Se habla mucho, por ejemplo, de la vinculación precoz entre el padre y el bebé en detrimento de su importante papel protector, tal como explicamos en el capítulo 4.

Ahora que hemos confrontado las virtudes científicamente demostradas del calostro por un lado y la actitud universalmente negativa hacia esta preciosa sustancia por otro, forzosamente nos inclinamos a pensar que debe de haber una causa, que tenemos que encontrar una explicación que nos permita interpretar este hecho.

La antropóloga Margaret Mead fue una de las pocas personas que se planteó el tema y propuso una explicación. Sugirió que privar al bebé del calostro podría suponer una selección genética. Sólo los que fueran capaces de pasar el período perinatal en semejante estado de privación podrían sobrevivir. Pero es difícil contentarnos únicamente con esta interpretación porque no es muy habitual que el proceso de selección se lleve a cabo a costa del debilitamiento deliberado de la salud de los miembros del grupo. Yo propongo otra interpretación: la aparición del ser humano se produjo hace varios millones de años. Durante estos millones de años, las tribus, las civilizaciones, se fueron eliminando unas a otras, algunos grupos humanos fueron dominando cada vez mejor al mundo animal y vegetal. Los únicos grupos humanos que han tenido descendientes en este planeta durante estos últimos milenios son los que han sabido cultivar con la máxima eficacia el potencial de agresividad de que dispone el ser humano. Son los que han tenido a su disposición las más eficaces artimañas para conseguir el objetivo. Y la mejor de todas, la más eficaz para que el hombre se vuelva agresivo, es perturbar la relación entre madre y recién nacido. Hacer creer que el calostro es malo es una manera muy simple de debilitar esta relación. Hacer creer que el calostro es malo ha significado hasta el momento presente una ventaja desde el punto de vista de la selección.

Pero, en realidad, la privación del calostro sólo es un ejemplo de las muchas crueldades que el hombre cultural esgrime contra el recién nacido. La crueldad para con el recién nacido, la intromisión en la relación con su madre puede revestirse de manera variada. La circuncisión neonatal, las fajas apretadas o el bautismo por inmersión en agua fría son algunas de estas formas. Cuesta creer que se considere a Igor Tcharkowsky como un pionero por su actitud para con el recién nacido, al que arroja al agua helada, donde le hace seguir una serie de contorsiones para que se adapte o se haga fuerte o desarrolle sus capacidades espirituales. Eso es algo que nos hace pensar más bien en tiempos pasados.

Todos estos comportamientos tenían sentido mientras cada grupo humano tuviera la consigna de dominar a los demás grupos, el ser humano tuviera la consigna de dominar a las otras especies vivientes, y la especie humana en general la de dominar el planeta. En el siglo de la toma de conciencia ecológica, las prioridades de épocas pasadas ya no tienen ninguna validez, más bien se han invertido completamente. La consigna actual es detener la destrucción de la biosfera y potenciar una actitud positiva frente a la vida. La crueldad contra el recién nacido no tiene ya ningún sentido.

Son muy raras las civilizaciones que han podido sobrevivir sin recurrir a las estrategias habituales. Están aisladas en territorios poco accesibles o poco codiciados y han sabido integrarse perfectamente en el ecosistema. Es el caso de los Huicholes, en el noroeste de Méjico, de los Pigmeos en los frondosos bosques ecuatoriales y también, en cierta medida, de los Maoríes, en Nueva Zelanda, protegidos por la geografía en un extremo del mundo hasta el siglo xix. Todas estas culturas tienen en común un sentido muy arraigado de la ecología, una especie de instinto ecológico. Los Huicholes hablan de «el otro mundo» cuando se refieren a la locura destructiva de los humanos. Los Pigmeos respetan profundamente a los árboles, y los Maoríes veneran a la Madre Tierra. Otro punto que tienen en común es que no perturban el inicio de la relación madre-bebé y no ponen ningún tipo de restricción al consumo del calostro. Al comparar estas culturas podemos establecer un paralelismo entre la relación del recién nacido con su madre y la relación de los seres humanos con la Madre Tierra, tanto más cuanto algunos de estos grupos han establecido de forma explícita esta relación. Los Sioux, cuyo tipo ideal de hombre es el guerrero fuerte y agresivo, decían abiertamente que para llegar a este ideal era necesario impedir el contacto íntimo entre el recién nacido y su madre y que había que impedir también el contacto del recién nacido con la tierra. Para ello, en el momento del nacimiento, cuatro guerreros de los más valientes del grupo sostenían los extremos de una manta levantada a una determinada distancia del suelo donde yacía la madre. A su manera, ellos tenían la noción de período crítico, período sensible.

La revolución que estamos esperando va a tener una amplitud planetaria. La llamamos Revolución Calostral. Para que se pueda llevar a cabo, hay que cambiar radicalmente de actitud, porque es necesario que tengamos en cuenta nuestras raíces más profundas, nuestra condición de mamíferos. En su hábitat y en condiciones normales, los mamíferos, y especialmente nuestros primos los primates, no son crueles con los recién nacidos. ¿Qué sucedió para que lo seamos nosotros? Un experimento que se llevó a cabo con monos "marmouset" [hombrecitos] nos puede dar muchas pistas. En un entorno natural, la hembra se aleja del resto del grupo para dar a luz durante la noche. Se cuelga de las ramas más altas de un árbol y da a luz a gemelos. Un investigador que estudiaba este tipo de simio en cautividad suprimió el ciclo día-noche mediante iluminación continua. Esta situación molestó mucho a las hembras, que tuvieron partos largos y difíciles. Lo interesante es que el resto de miembros del grupo sentían un extraño nerviosismo y una peligrosa necesidad de actividad en el momento en que había habido un nacimiento. Algunos de ellos empezaron a comer la placenta e incluso algún bebé, probablemente por accidente. A raíz de lo que nos muestra este experimento, intuimos que las hembras de los mamíferos se aíslan, se esconden para dar a luz a su prole, no para protegerse de los depredadores sino de la frenética y descontrolada actividad de los demás miembros del grupo. Éste parece ser el motivo de esta búsqueda de privacidad común a todas las hembras de mamíferos.

Ahora estamos en condiciones de comprender que muchos de los rituales agresivos transmitidos de generación en generación son en realidad variantes de comportamientos profundamente arraigados. Es el caso de muchas prácticas médicas que podemos analizar a posteriori, como por ejemplo la necesidad de ver y cortar el periné, práctica difícilmente justificable después de la publicación de estudios controlados que nos muestran que la principal causa de desgarros graves es precisamente la episiotomía y la posición acostada con las piernas levantadas y los pies en los estribos. O la necesidad de cortar el cordón inmediatamente, cuando no hay ninguna razón imperiosa para interrumpir brutalmente la circulación de sangre entre el bebé y la placenta. No podemos extendernos aquí comentando todas las prácticas médicas que se han propuesto y llevado a cabo en ese momento de excitación que provoca el nacimiento de un bebé. Y a parte de todo eso, el líquido que contiene el estómago es rico en sustancias como la hormona gastrina, que juega un papel importante en la movilidad del tubo digestivo.

En algunos países como Estados Unidos, se practica con frecuencia la circuncisión en el momento de nacer sin ningún motivo de tipo religioso. Los médicos la justifican alegando, basándose en las estadísticas, una menor incidencia de infecciones urinarias. Pero si la prevención de las infecciones del bebé fuera realmente su gran preocupación, intentarían que los nacimientos se produjeran en un lugar donde los microbios existentes ya fueran familiares para el bebé y en las mejores condiciones para que pudiera tomar el calostro lo más pronto posible y en su totalidad.

Negar la necesidad de privacidad ha sido el origen, el hecho primordial que nos ha llevado a menospreciar el calostro y a idear rituales y prácticas médicas agresivas. Se trata, en definitiva, de negar nuestra condición de mamíferos. Éste es el punto de partida de la Revolución Calostral. Hay que crear realmente una «contracultura». La Revolución Calostral exige el redescubrimiento de nuestras auténticas prioridades y el análisis de nuestros comportamientos habituales. Está bien visto poner énfasis en la necesidad de ayuda, de acompañamiento y en dar por supuesto que la mujer no es capaz de dar a luz por sí misma. Pero la necesidad de ayudar, que difícilmente se puede separar de la necesidad de observar y controlar, se opone frontalmente, se contradice con la necesidad de intimidad de la mujer asistida. La Revolución Calostral es una etapa que obligatoriamente hay que pasar en el camino hacia la convergencia entre instinto y ciencia, entre el cerebro primitivo y el neocórtex. No es una utopía. Ya está empezando a manifestarse.

Algunos síntomas de este fenómeno «contracultural» son significativos para aquellos que los saben interpretar y les dan la importancia que merecen. El primer hijo de una mujer judía acaba de nacer en un hospital convencional: el niño ha sido circuncidado tal como manda la tradición; su segundo bebé, también varón, nació en casa en la más absoluta intimidad, sin ninguna intervención médica, en el suelo, al lado de la cama. Encontró el pecho inmediatamente y succionó con fuerza; nadie le separó de su madre ni de día ni de noche. A pesar de las presiones de la familia, no se le circuncidó. Esta madre había conservado intacta la capacidad de proteger a su recién nacido. Su instinto de madre derrotó a cuatro mil años de teorías. Y éste no es el único ejemplo.

La Revolución Calostral va a poner en duda muchas ideas preconcebidas sobre el recién nacido; por ejemplo, siempre se ha considerado normal que pierda peso después de nacer durante los dos o tres primeros días y que recupere el peso de nacimiento aproximadamente en una semana. Se le llama «pérdida de peso fisiológica». Este hecho se daba perfectamente por sentado desde principios del siglo XX, cuando la mayoría de bebés nacían en casa. También es un hecho bien consensuado en los modernos tratados escritos por profesionales que sólo tienen experiencia en partos obstétricos. Es un hecho que nadie discute, que no se replantea en la mayoría de centros de nacimiento donde todo el mundo se esfuerza por no perturbar el inicio de la relación madre-bebé, el inicio de la lactancia y donde se permite que el bebé tome el pecho inmediatamente y comparta cama con su madre.

El nacimiento en casa me ha permitido observar un nuevo tipo de bebés: los bebés de tres horas de vida que han pasado dos de esas tres horas mamando con todas sus fuerzas; bebés que se pasan el día y la noche en estrecho contacto piel con piel con sus madres y en un lugar familiar. Uno de cada tres de estos bebés no pierde peso en absoluto y cuando cumple una semana ya ha sobrepasado con mucho su peso de nacimiento. Estos bebés nos muestran que no es obligatorio perder peso. Tal vez no sea ni siquiera algo fisiológico, aunque se haya tenido por norma en la mayoría de culturas humanas.

Los fisiólogos interpretaban la pérdida de líquido del bebé como la consecuencia necesaria de su adaptación a la vida en la atmósfera. Pero ahora vamos a tener que explicar cómo puede ser que algunos bebés no pierdan peso en absoluto. El motivo principal es que probablemente siempre se había subestimado la cantidad de calostro que un bebé es capaz de consumir en sus primeras horas de vida, especialmente después de haber nacido tras un potente «reflejo de eyección del feto». Además, el calostro de las primeras horas es un auténtico concentrado de anticuerpos y también de proteínas, que se caracteriza por una enorme presión osmótica, es decir, capacidad de retener líquido. Hay que añadir también que están presentes, además, un gran número de sustancias nutritivas y otros factores de crecimiento cuya misión, entre otras, es estimular todas las grandes cadenas metabólicas. Es probable, por último, que el recién nacido acogido por los brazos de una madre extática cubierta con una toalla caliente y en una cálida estancia, se encuentre en un equilibrio hormonal tal que le permita reducir a la mínima expresión su necesidad de energía.

Los bebés prematuros, los de bajo peso, deberían tener el privilegio de poder beneficiarse de esta Revolución Calostral. Antes de que existieran las incubadoras, ya se había dado el caso de bebés de muy bajo peso, bebés de aproximadamente un kilo, que sobrevivieron. Tenemos ejemplos célebres. En aquel tiempo, se envolvía a los bebés en algodón y se les ponía al lado del fuego. No se pensaba apenas en la posibilidad de que fuera la misma madre la que les diera calor ni se pensaba en el contacto piel con piel ni en el calostro. Lo que he aprendido de los nacimientos de bebés a término en casa se puede aplicar a la mayoría de prematuros.

Ellos se benefician mucho más que los demás de un nacimiento fácil, sin medicamentos, en un ambiente con microbios domésticos y en contacto estrecho y directo con la piel de su madre día y noche como lo hacen los pequeños canguros. Nunca se ha dado el caso de que me llamaran para un parto en casa y el bebé fuera prematuro. Parece que actualmente los índices de prematuros de las mujeres que han escogido dar a luz en casa son muy bajos.

El Método Canguro nació a raíz de una actitud crítica frente a la incubadora. La incubadora no es más que una caja de cristal con un termostato. Sólo sirve para dar calor. Pero al bebé que está en la incubadora le faltan estímulos cutáneos. Por ello, en Estados Unidos inventaron los TLC (Tender Living Cares): una enfermera se encarga de estimular la piel del bebé según un protocolo. Pero además, el problema es que el bebé dentro de la incubadora está inmóvil, por lo que su oído interno y su sistema vestibular resultan perjudicados. Para subsanarlo, se inventó la cama basculante, y también en un hospital de París se intentó introducir una grabación de la voz de la madre, aunque finalmente se dieron cuenta de que el ruido de las olas a la larga surtía el mismo efecto en el recién nacido y no era tan pesado para el equipo médico. Y finalmente también hubo quien se dio cuenta de que el sentido del olfato jugaba un papel importante para que el bebé pudiera identificar a su madre, de modo que decidieron introducir en la incubadora una tela impregnada con su olor.

Si a todo esto añadimos que los microbios que llenan la incubadora no son precisamente los microbios satélites de la madre, y que ella, alejada de su bebé, no va a estar en las mejores condiciones para segregar leche, nos preguntamos por qué nadie hubo imaginado antes el Método Canguro. Este método considera a la madre como la mejor incubadora posible. El bebé se coloca en una bolsa, cerca del pecho, pegado a la piel de su madre, en posición vertical día y noche y en una habitación muy caliente.

El término «bebé canguro» procede de Bogotá (Colombia). Cuando estuve allí en 1981 aún no se usaba esta expresión pero ya había empezado su práctica debido a la falta de incubadoras, la falta de personal especializado y el gran número de bebés prematuros que nacían entonces. Todos los bebés prematuros, fuera cual fuera su peso, si eran capaces de respirar por sí mismos, estaban en condiciones de irse a casa pegados a la piel de sus madres. El porcentaje de supervivientes iba en aumento de forma espectacular, especialmente el de bebés de menos de 1.000 gr.

En aquella época, en Pithiviers ya estábamos comprometidos con este método, y entre 1978 y 1994, unos cien prematuros gozaron del privilegio de no ser transferidos a un centro especializado y permanecieron día y noche con sus madres, algunos de ellos como auténticos canguros. De este modo, el bebé estaba en íntimo contacto piel con piel ininterrumpidamente desde el primer minuto de vida y no sufría los inconvenientes de tener que ser trasladado de servicio en servicio. Sería lógico pensar que esta forma de actuar debió de expandirse rápidamente por todo el mundo, y en cambio no fue así en absoluto. Los países ricos pensaron que era bueno para los países del Tercer Mundo; en estos países, los antiguos miedos sobre el calostro y las tetadas precoces unidos a la preocupación por parecer «modernos» influyeron demasiado profundamente en el comportamiento. El Bebé Canguro y la Revolución Calostral, que ya está empezando en puntos aislados, no se pueden separar.

Los bebés de la era calostral no tendrán nada que ver con los bebés de los que hablan nuestros actuales expertos. La mayoría de expertos en recién nacidos se olvidan de señalar que sólo conocen una «especie» de bebés: los nacidos en el hospital, que no duermen con sus madres y son destetados antes de cumplir un año. Personalmente, cada vez estoy más familiarizado con una nueva especie de bebés humanos desconocida para los expertos. Una de las finalidades de nuestro Centro de Investigación en Salud Primal de Londres va a ser observarlos a lo largo de toda su vida. Pero ya desde los primeros días se notan las diferencias sin necesidad de estadística precisas. Los bebés que empiezan a mamar en la hora que sigue al nacimiento normalmente no padecen ictericia o, en todo caso, es muy leve, especialmente si nacen en casa y duermen con su madre. Y tiene que quedar claro que la primera razón por la que no la padecen es porque ya no han compartido con su madre ninguna perfusión de glucosa ni se les ha administrado ningún otro tipo de medicamento durante el parto. Estas prácticas pueden intensificar la ictericia neonatal, como todo el mundo sabe. Pero lo esencial es que el calostro en sí mismo y el hecho de succionar estimulan los movimientos intestinales. De este modo, el pigmento biliar no tiene tiempo de ser reabsorbido en grandes cantidades hacia la corriente sanguínea una vez que ha llegado al intestino.

Si bien el consumo del calostro y el ambiente que lo hace posible producen efectos visibles, que incluso se pueden medir a corto plazo, en realidad la Revolución Calostral nos da esperanzas a largo plazo. De entrada va a tener efectos sobre la salud individual. ¿Viviremos más años si consumimos calostro? ¿Disminuirá la posibilidad de padecer colitis ulcerosa? Hay mil preguntas que no se han formulado nunca y son la razón de ser de nuestra investigación, la cual va a producir efectos profundos en nuestra mentalidad: las sociedades que, excepcionalmente, han llegado hasta nuestros días a pesar de respetar el calostro, no eran agresivas para con la Madre Tierra sino todo lo contrario, la veneraban. La Revolución Calostral significará entonces la fusión de la imagen de la Madre con la de la Madre Tierra.

Es una revolución porque supone el regreso a nuestra condición de mamíferos y a un nuevo punto de partida. No basta con enseñar que el calostro contiene anticuerpos y que es preciso que el bebé lo tome lo antes posible. No tiene que convertirse en un método separado de su contexto. A algunos les va a resultar tan difícil comprender esta revolución como comprender el giro que dimos en Pithiviers en los años 70. Para algunos, Pithiviers era la maternidad donde se canta; para otros, la «salle sauvage» [sala salvaje]; para otros más, la piscina o el parto en posición vertical o la penumbra o el papel de la comadrona o los grupos de debate o los bebés canguro o la mortalidad perinatal inferior a 10 por 1.000 desde 1976... Tomadas aisladamente, cada una de estas imágenes de Pithiviers no tiene nada que ver con la realidad. Pithiviers era mucho más que la suma de todo esto.

Capítulo 9

De Malawi a Holanda

Después de haber considerado el calostro y la civilización a nivel intercultural, volvamos a Holanda y Malawi.

Para cualquier persona interesada en comprender los cambios radicales de los que estamos participando[1], resulta esencial disponer de un listado de los principales informes que proclaman la muerte de la era electrónica respecto de los partos. De la misma manera, no podremos prepararnos para la era postelectrónica sin examinar con todo detalle una serie de increíbles estadísticas procedentes de Holanda.

En 1985 nacieron 179.190 bebés en los Países Bajos. Aquel mismo año, el índice de muerte perinatal en ese país —el número de bebés que murieron en el período comprendido entre los seis meses de gestación y la primera semana de vida— fue de 9,8 por

~

[1] Ver las referencias listadas en "Capítulo 2" en la bibliografía seleccionada.

mil, y el ratio de cesáreas se situaba aproximadamente entorno al 6%. Ninguna otra nación en el mundo ha conseguido en toda la historia una tasa tan baja de mortalidad perinatal a la par con un porcentaje tan bajo de cesáreas. Actualmente, hay países con un índice incluso inferior al de Holanda en 1985, y lo consiguen mediante ecografías de rutina durante el segundo trimestre del embarazo; de esta forma, se intercambian algunas muertes perinatales por abortos debidos a anormalidades en el feto. En la misma época, nuestros datos en Pithiviers —sin usar ecografías— fueron muy parecidos a los de Holanda, ¡aunque a escala de un sólo hospital y no de un estado entero!

Así pues, ¿cuál es el secreto de Holanda? ¿Por qué es ese país tan especial? Durante el mismo año, 65.518 bebés holandeses nacieron en casa —un 36,6% del total—. Estas cifras indican que Holanda es una excepción en el mundo desarrollado. En todos los demás países desarrollados, el porcentaje de partos en casa se encuentra por debajo del 2%, y es muchas veces cercano al 0%. Incluso añadiremos que, mientras que el total de mortalidad perinatal en Holanda se situó en el 9,8 por mil —un dato excelente en sí mismo—, el índice de mortalidad entre los bebés nacidos en casa fue sólo del 1,9 por mil.

Algunas estadísticas de Holanda nos proporcionan más detalles que nos hacen pensar. Por ejemplo, un estudio llevado a cabo en Wormerveer, un suburbio de Amsterdam, mostró que, entre 1969 y 1983, hubo un total de 7.980 mujeres inscritas en la consulta de la comadrona. Llegado el momento, un 74,9% de ellas dio a luz con su comadrona, tal como había sido planeado, ya fuera en casa o en el hospital. En este grupo, la mortalidad perinatal fue del 1,3 por mil. Del resto de mujeres, un 8% fue derivado al médico obstetra durante el parto; y en este grupo, la mortalidad perinatal creció hasta el 11 por mil —mejor que el ratio total de Holanda durante el mismo período—. El resto de mujeres —un 17,1%— fueron derivadas a un médico durante el embarazo con el diagnóstico de alto riesgo; y en este grupo, la mortalidad perinatal se elevó hasta el 51,7 por mil.

Hay diversas interpretaciones complementarias de estos fascinantes datos. La primera es que las comadronas —responsables del proceso de selección durante el embarazo— tienen mucho ojo clínico. El punto fuerte del sistema es que la selección la llevan a cabo las personas adecuadas, las que tienen una enorme experiencia sobre qué es lo normal y que, por lo tanto, pueden detectar rápidamente cualquier causa de preocupación. Probablemente no sólo siguen los cánones oficiales sino que además tienen también en cuenta su propia intuición. En el Hospital de Pithiviers, algunas de las ayudantes de enfermería habían cambiado miles y miles de pañales a lo largo de su vida laboral. Muy frecuentemente eran precisamente ellas las que detectaban —normalmente en cosa de pocos segundos— cualquier detalle inusual o preocupante.

Otra posible interpretación de las estadísticas holandesas es que la etiqueta de alto riesgo es, en sí misma, peligrosa por la ansiedad que genera y mantiene durante un período de varios meses.

A partir de mi experiencia con los nacimientos en casa, he llegado a la conclusión de que, en la mayoría de casos, la primera fase del parto —el período de dilatación— es el mejor momento para detectar cuándo una mujer no debería dar a luz en casa. Es precisamente entonces cuando la calidad de las contracciones uterinas puede ser evaluada por un profesional experimentado. Por regla general, los riesgos son mínimos cuando la primera fase ha ido bien. (Está claro que una evaluación del potencial fisiológico de cada mujer sólo es posible en un ambiente de completa intimidad). Así pues, siguiendo esta estrategia, no rechazo atender en casa a una embarazada de 40 años ni a otra que espera a su primer hijo y que se presenta de nalgas ni tampoco a otra con una cesárea anterior, por ejemplo. Durante la primera fase se puede decidir tranquilamente el lugar donde finalmente se producirá el parto.

Me pregunto si, en algunos casos, las comadronas holandesas no harían mejor en posponer su decisión de derivar a un obstetra tanto como les fuera posible. Como ha sido demostrado, derivar a un obstetra durante el parto da muy buenos resultados.

También tenemos mucho que aprender de las increíbles estadísticas provenientes del Tercer Mundo. Tal y como mencionamos en el Capítulo 8, un equipo médico de Malawi —cuyos miembros querían estudiar el riesgo de hemorragia posparto— desarrolló un programa formativo para las comadronas tradicionales con la finalidad de que aprendieran a ir más allá de sus creencias culturales y acercar al bebé al pecho materno directamente después de nacer. Las razones que se les argumentaron para justificar este tipo de práctica fueron que de esta forma el bebé conservaría el calor corporal, que la lactancia sería más temprana y más prolongada, y que se crearía un vínculo más fuerte entre madre y bebé. Otras comadronas fueron tomadas como grupos de control y no aprendieron ninguna de estas prácticas. Así, los investigadores compararon una práctica que iba en contra de la cultura establecida con otra que seguía la tradición, y no se pudo sacar conclusión alguna acerca de la pérdida de sangre.

Pero gracias a este estudio, se publicó una de las investigaciones más completas que se han realizado jamás sobre el trabajo de las comadronas tradicionales. Estas comadronas obtienen resultados impresionantes, considerando que viven y trabajan en lugares donde el teléfono o el hospital más cercanos están con frecuencia a no menos de tres kilómetros. Si comparamos los bebés amamantados rápidamente con los del grupo de control, encontraremos que, en un período de unos seis meses, 69 comadronas atendieron 4.227 partos. En todos ellos, sólo hubo una muerte materna —tras ser derivada a un hospital—, 35 muertes del bebé durante el parto (0,8%) y cuatro bebés que murieron antes de llegar a cumplir una semana (0,1%). Añadiremos, además, que hubo 27 desgarros perineales, ninguna episiotomía y cuatro mujeres derivadas al hospital por retención de placenta. También nacieron en esta serie 18 gemelos, todos vivos.

Sabemos que hubo un proceso de selección previo de las madres que participaron en el estudio, y que la media de hijos por mujer en Malawi es más alta que en los países desarrollados. Pero incluso así, estos datos son esenciales para quien se interese por la ecología en el parto. Serían datos aceptables incluso en países ricos con instalaciones quirúrgicas, transfusiones de sangre y maquinaria de reanimación de alta tecnología a disposición de toda la población.

Estas estadísticas procedentes de Holanda y Malawi sugieren que la actitud de la sociedad hacia los partos es probablemente más importante que cualquier detalle estratégico que se pueda enseñar durante un curso de formación. También confirman la importancia de que cada persona esté bien integrada en la propia comunidad humana. Es posible que una de las razones por las que dar a luz sea muchas veces tan difícil en Estados Unidos sea que muy poca gente posee vínculos fuertes con su entorno humano. En una ocasión, al finalizar un seminario en Hawai pregunté a los participantes cuántos de ellos seguían viviendo en la ciudad en la que nacieron: no se levantó ni una mano. Es difícil volver a tus raíces cuando son débiles y están lejos. Es difícil volver a tus raíces cuando el idioma que usas a diario como adulto no es tu lengua materna. Hoy en día, esta situación es muy frecuente.

Aquellos que están integrados en su comunidad, como los que han pasado toda su vida en un pequeño pueblo tradicional, están siendo constantemente controlados y observados. Nunca son anónimos. No son vulnerables a la falta de intimidad. En algunas culturas, las mujeres pueden incluso dar a luz en un camino o un refugio entre matorrales a plena vista de los demás, incluyendo sus propios hijos. Éste es el caso de los Jarara de América del Sur, tal como lo documentó Niles Newton. La mujer moderna, por el contrario, muchas veces vive una vida anónima en una gran ciudad y se puede aislar fácilmente en su propio cuarto de baño. El día que dé a luz será extremadamente vulnerable a la falta de intimidad.

Las estadísticas de Holanda y Malawi también confirman la importancia de la presencia de comadronas con experiencia. Una comadrona holandesa altamente formada y una comadrona analfabeta de Malawi tienen en común una gran experiencia en atender partos. Cuanta más experiencia en partos tienes, menos miedo contagioso transmites. En términos de miedo contagioso, ¿como podríamos ni siquiera comparar un nacimiento en Malawi con los partos modernos «asistidos por el marido»?

Capítulo 10

Fotos y vídeos

La epidemia se ha extendido con fuerza por todas partes. Ha llegado la hora de detenerla. Nos referimos a la epidemia de fotos y vídeos que muestran escenas de nacimientos. Es cierto que hemos contribuido mucho a difundirla, pero teníamos buenos motivos. Hubo un momento en el que sentimos la imperiosa necesidad de cambiar las imágenes que surgían en nuestras mentes al oír las palabras «parto» y «nacimiento». Había que mostrar alternativas a parir sobre una mesa muy iluminada, con la futura madre rodeada de personas que le decían lo que tenía que hacer.

Nuestra prioridad actual es redescubrir la necesidad de privacidad, la importancia de la penumbra y aprender a eliminar los observadores y los distintos métodos de observación. Las veces que participamos en programas de televisión o permitimos hacer fotografías éramos conscientes de la necesidad de intimidad. Por ello, procurábamos por todos los medios que la cámara sólo entrara en los últimos minutos antes del nacimiento, en un punto de no retorno en el que el riesgo de inhibir el parto es casi nulo. Siempre evitamos tomar fotos durante la primera fase del parto y fuimos muy prudentes en el caso de hacerlo antes de la expulsión de la placenta.

Me acuerdo de una mujer que, después de haber dado a luz frente a una gran cámara de la televisión alemana, dijo: «Ha sido maravilloso. ¡Lástima que nadie haya hecho fotos!». Pero esta época ya pasó. Las películas y las fotos no pueden dar cuenta de la necesidad de intimidad ni de la importancia de la penumbra. La cámara todavía es más indiscreta en casa que en el hospital. Es por ello por lo que en el presente libro no hay fotos de nacimientos. La era postelectrónica, la era calostral, es también la era postfotográfica.

Capítulo 11

La comadrona Freud

«Las cabras no tienen comadronas. Las ovejas no tienen comadronas.
Cuando una cabra está embarazada, da a luz con facilidad.
Cuando una oveja está embarazada, da a luz con facilidad.
Tú, que estás embarazada, darás a luz con facilidad».

Recitado por la comadrona del pueblo y algunos ancianos de la tribu
africana de los Yoruba.

Normalmente imaginamos a la comadrona como una mujer que atiende a la parturienta, dándole ánimos, apoyándola, incluso guiándola y que se comunica hablando o tocando. Es menos común referirse a otro tipo de comadrona —la que se mantiene silenciosa, la que pasa casi desapercibida sentada en una esquina o incluso en una habitación contigua—. Pero de hecho, este tipo de comadrona más discreta es precisamente la que es capaz de crear la mejor situación para facilitar el cambio de conciencia que se produce normalmente durante el proceso del parto.

Para que una mujer de parto pueda «rendirse» e «irse a otro planeta» fácilmente, no debe sentirse en absoluto observada. Traduzcamos este concepto al lenguaje científico moderno y digamos que, en tal situación, es más fácil reducir el control por parte del neocórtex y que una reducción en el control neocortical es un requisito previo para un parto normal, un parto fisiológico.

No puedo evitar recordar el avance de Freud respecto de nuestra forma de comprender la naturaleza humana cuando empezó a sentarse en un rincón, invisible, y cuando abandonó la hipnosis dirigida. Entonces, empezó a ser posible la «asociación libre». Decir aquello que primero nos pase por la mente se convirtió en una herramienta básica para explorar el inconsciente. Así nació el Psicoanálisis. Nunca sabremos con seguridad cuál fue el factor que realmente le llevó a este cambio de actitud tan radical. Quizás Freud tomó en serio la historia de Anna, que se atrevió a preguntar a su terapeuta Joseph Breuer —un amigo de Freud— si le dejaría hablar y 'chimney sweep' [nombre que se da a una terapia que consiste en dejar hablar libremente al paciente de sus síntomas]. O a lo mejor Freud quería evitar provocaciones sexuales por parte de sus pacientes sometidas a hipnosis. Es también posible que, en principio, Freud quisiera principalmente proteger su propia intimidad y no implicarse personalmente demasiado.

El dato importante es que abrió una nueva fase en la comprensión de la naturaleza humana simplemente por el hecho de mantenerse silencioso y alejado. Actualmente, a menudo comentamos las teorías freudianas, pero solemos olvidar lo extraordinario, lo absolutamente revolucionario que fue el método iniciado entonces. Ahora podemos entender que una cierta reducción del control neocortical es un requisito previo para explorar el inconsciente, y que la sensación de intimidad es un factor que facilita la reducción del control por parte del neocórtex.

El concepto de intimidad, de privacidad, deberíamos asociarlo con el advenimiento del Psicoanálisis. ¿Por qué no es así? Puede ser, en primer lugar, porque la mayoría de lenguas occidentales no tienen un equivalente para la palabra 'privacy' [intimidad, privacidad]. No pueden usar una palabra precisa y útil que simplemente signifique el estado de no sentirse observado, con una connotación positiva. En francés, italiano y castellano, las palabras más aproximadas son 'intimité', 'intimità' e 'intimidad' respectivamente, y son equivalentes del inglés 'intimacy'. El traductor de uno de mis libros al alemán asoció los conceptos de 'privatsphare' [privacidad] e 'intimsphare' [intimidad] para intentar abarcar todo el contenido de la palabra 'privacy'. Recuerdo fuertes discusiones de intérpretes en Atenas para acordar la mejor traducción al griego moderno.

¿Cómo puede ser que tantos idiomas modernos se vean privados de un concepto que corresponde a una conducta humana enraizada en todos los mamíferos como es la necesidad de aislarse en el momento de dar a luz y de morir? Probablemente la respuesta es que la mayoría de culturas humanas conocidas han negado la mamífera necesidad de 'privacy' en el momento del nacimiento y de la muerte durante un período de tiempo tan largo que el propio concepto se ha perdido y, de la misma forma, la palabra que lo describe.

Estas consideraciones no son puramente académicas. Son de la mayor importancia ahora, al terminar la era electrónica de los nacimientos, en un momento en el que sería beneficioso en muchos países incrementar significativamente la proporción de comadronas en relación al de obstetras. Está claro que el desenlace de los partos es mucho mejor en países como Suecia, Holanda y Reino Unido, donde las comadronas sobrepasan ampliamente el número de obstetras y donde el trabajo de comadrona se enmarca dentro de una profesión establecida, en comparación con otros países como Estados Unidos, Canadá, Brasil e Italia, donde hay menos comadronas o donde su papel es simplemente el de meras auxiliares de los médicos.

No sólo hay que replantear el número de comadronas en relación con el de médicos, sino que además hay que redefinir cuál es el auténtico trabajo de la comadrona. Actualmente, la misma palabra tiene diferentes significados. Hay inmensas diferencias entre una comadrona europea formada durante varios años en el departamento de obstetricia de un hospital, sin haber visto un nacimiento fuera de este contexto, y una comadrona que atiende en casa en Tejas y que se formó con otras comadronas. En Estados Unidos, la misma palabra se utiliza para describir a una practicante de 'spiritual midwifery' [comadronas que se ocupan de la dimensión espiritual del período perinatal] en una granja en Columbia, Tennessee, por ejemplo, y a lo que llaman comadrona enfermera certificada, miembro del equipo médico hospitalario.

No se puede redefinir la partería auténtica sin recordar las diferentes fases por las que ha pasado a lo largo de la historia de la humanidad e incluso durante la historia de los mamíferos. Podemos encontrar las raíces del trabajo de comadrona en el comportamiento de ciertos mamíferos. Si observamos a los elefantes, veremos que una hembra con experiencia está presente en la mayoría de los partos, y otras hembras se reúnen para hacer un círculo de protección mirando hacia afuera alrededor de la madre. En el nacimiento del bebé delfín también está presente muchas veces una hembra para ayudar al recién nacido a llegar a la superficie y tomar así su primera bocanada de aire; los demás miembros del grupo están de guardia, dispuestos a matar a cualquier tiburón que se acerque. Parece que entre los mamíferos, cuando hay una «comadrona», su primera función es la de proteger.

Entre los humanos, la comadrona en su origen seguramente fue la madre de la parturienta o una sustituta de la madre —un familiar cercano y con experiencia, una tía o una abuela por ejemplo—. En esa época de la historia, las mujeres probablemente seguían aislándose cerca de un río o fuente, entre matorrales, en una cabaña especial o bien en algún otro espacio pequeño y oscuro. Podemos imaginar que la madre-comadrona se comportaba como las madres que cuidan de sus hijos en un parque. El hijo acostumbra a olvidar su presencia mientras todo va bien. No es casualidad que en muchos idiomas, la raíz de «comadrona» sea la palabra «madre» ('matrone', 'matrona'). La madre-comadrona desempeña, principalmente, una función protectora; es alguien a quien puedes llamar urgentemente y que está a tu disposición en caso de dificultades inesperadas.

En un período más avanzado de la historia de la humanidad, la sociedad empezó a valorar cierto grado de especialización. Se empezó a escoger a la comadrona entre las mujeres con más experiencia dentro de la comunidad. Su sabiduría y su carisma eran entonces sus mejores cualidades. Gradualmente, empezó a ayudar más que a proteger. Se le empezaron a atribuir poderes, como a un chamán, tales como estar en contacto con los espíritus mediante ciertas plegarias, el uso de hierbas curativas o la práctica de ciertas técnicas tradicionales de masaje. A través de ella, la comunidad pudo empezar a interferir en el proceso del nacimiento. Esto llevó a la era del profesionalismo, en la cual las mujeres ya no daban a luz: eran asistidas y guiadas por una persona con experiencia. Finalizado este complicado proceso, la palabra «comadrona» todavía se utiliza para referirse a un técnico, hombre o mujer, un miembro anónimo de un equipo médico. Nancy Cohen llama FLAMES a algunas de estas comadronas modernas —Female Labour Assistants who are Medically or Establishment Supportive [Asistentas Femeninas en el Parto que Apoyan al Equipo Médico o al Hospital].

¿Qué tipo de comadrona se necesitará en el futuro? Hoy día, la respuesta es que se necesitará a una mujer capaz de ofrecer apoyo emocional —especialmente en América— o capaz de «preocuparse por la parturienta» —especialmente en Inglaterra—. Se tiende a confirmar de nuevo la profunda creencia de que nadie puede dar a luz sin algún tipo de energía misteriosa que le venga de fuera. Es poco usual que se insista en la necesidad de 'privacy' y su corolario, la necesidad de protección. Es inusual contemplar la raíz del trabajo de las comadronas y encaminarse hacia ellas. Aun así, esto es probablemente ni más ni menos lo que necesitamos para poder comprender mejor los procesos fisiológicos del nacimiento.

La comadrona tranquila, capaz de sentarse sin ser vista en un rincón silencioso de la habitación, tiene un conocimiento mayor del proceso del nacimiento que la comadrona que necesita, por encima de todo, estar apoyando activamente a la parturienta ignorante. De la misma manera que Freud se mantuvo en segundo plano y de este modo posibilitó un avance que abrió el camino para nuestra interpretación del comportamiento humano, la comadrona que trabaja sin entrometerse y que no guía puede cambiar radicalmente nuestra comprensión del proceso del parto. Gracias a este enfoque, Freud descubrió lo que llamó «transferencia», proceso mediante el cual los sentimientos de un individuo pasan de una persona a otra. Podemos hacer un paralelismo con el rol que algunas comadronas auténticas sienten como suyo: cuando simplemente se mantienen en un segundo plano, silenciosas, sienten que son el sustituto de la madre. Así, se ven a sí mismas como el objeto de una transferencia; han oído a cientos de mujeres llamando a sus madres mientras estaban de parto.

El hecho de que algunas mujeres de parto parece que se comunican con sus propias madres, aunque sea sólo a través de un sustituto, pone de relieve la gran importancia del trabajo de John Kennell y Marshall Klaus sobre la 'doula'. Una 'doula' es una madre sin formación médica ni de enfermería pero que ha experimentado buenos nacimientos vaginales por sí misma y que permanece al lado de la parturienta. Kennell y Klaus empezaron sus estudios en los años 70 en dos activos hospitales de Guatemala, donde nacían a diario entre 50 y 60 bebés y donde las rutinas de parto habían sido establecidas por médicos y enfermeras de Estados Unidos. Descubrieron que la presencia de una 'doula' reducía drásticamente la incidencia de todo tipo de intervenciones y el uso de medicamentos, y mejoraba el resultado del parto. Recientemente, otros investigadores llevaron a cabo de nuevo este tipo de estudio en Houston, Tejas, en un vecindario de población predominantemente hispana y con un bajo nivel de vida. En esta zona, las comadronas están dirigidas por médicos residentes de habla inglesa y trabajan en un ala de doce camas. Las 'doulas' hablan tanto inglés como castellano. Como en Guatemala, aquí también la presencia de 'doulas' tiene efectos positivos obvios. Mi propia interpretación es que, en un ambiente tan extraño y poco familiar, la 'doula' es percibida como protectora, tanto como lo sería una madre.

La 'doula' también puede ser vista como un enlace con la vida diaria en tanto que habla, se comporta y viste como cualquier otra mujer perteneciente a la comunidad. Esto me hace pensar en el consejo que dan a las mujeres que van a dar a luz en el Garden Hospital de Londres: «Traed con vosotras algunos objetos familiares de vuestra casa». Es difícil sentir privacidad en un ambiente sin nada que resulte familiar. Por supuesto, Kennell y Klaus interpretan sus resultados de forma acorde con las creencias imperantes en nuestro tiempo: utilizan la palabra «apoyo» en detrimento de las palabras 'privacy' y «protección».

Cualesquiera sean las conclusiones a las que se llegue, estos estudios deberían contribuir a un cambio radical en las prácticas que actualmente se llevan a cabo en los partos de los países industrializados; son contemporáneos y vienen a complementar muchos datos estadísticos que tienden a demostrar que el control electrónico fetal conlleva más peligros que beneficios. La forma en que se elige a las 'doulas' debería constituir un modelo en los países que están redescubriendo a las comadronas, tales como Canadá y Estados Unidos, y también en los países europeos donde el trabajo de comadrona está ya bien establecido. En Francia, por ejemplo, las mujeres (y hombres) que se presentan para entrar a estudiar en una escuela de comadronas son seleccionadas mediante exámenes escritos. Es posible que las estadísticas del servicio de obstetricia mejorasen si para seleccionar a las comadronas se empezaran a utilizar los mismos criterios que para seleccionar a las 'doulas'. Los criterios de selección para entrar en la formación de comadronas nunca son perfectos, por supuesto, y conozco también a buenas comadronas que no han tenido hijos. La cuestión es que una mujer que ha dado a luz con normalidad es el tipo de persona que no molestará durante el parto, mientras que un conocimiento excelente de las estructuras del mitocondrio no garantiza lo mismo.

Cuando discutimos el número ideal de comadronas por médico y cuando consideramos cómo podríamos seleccionar a las candidatas a comadronas en el futuro, nos estamos proyectando hacia la mitad del siglo veintiúno. Enfatizar la necesidad de 'privacy' también es entrar en el campo de las visiones a largo plazo; la necesidad de 'privacy' —que no significa soledad— ha sido denegada durante tantos miles de años que no se puede comprender de un día para otro. Tal vez no nos resulte demasiado difícil, por ejemplo, criticar la posición que la parturienta debe adoptar durante el parto, que ha permanecido vigente en los últimos tres siglos. También es fácil proponer una bañera para ayudarla en la primera fase del parto. Lo realmente contracultural y revolucionario es proponer la necesidad de 'privacy'. Pero en todas estas discusiones no hemos de olvidar a las mujeres que tendrán a sus bebés durante esta fase de transición en la historia de los nacimientos y que deberán adaptarse a un ambiente que todavía no está perfectamente diseñado para evitar el uso de medicamentos. Dejar de usar medicamentos podría realmente convertirse en el principal objetivo a corto plazo, puesto que poco a poco nos estamos dando cuenta de los efectos secundarios negativos que provocan a largo plazo los fármacos administrados durante el parto, a pesar de que hasta ahora haya sido más difícil de demostrar que los sistemas mecánicos utilizados —por ejemplo los fórceps, la ventosa o la cesárea— producen también efectos secundarios negativos[1].

Lo que sí podemos asumir es que, durante este período de transición, se podrían empezar a utilizar distintos sustitutos de la 'privacy' que podrían ser útiles y más fáciles de aceptar que la 'privacy' en sí misma. La autohipnosis sería una de las técnicas aplicables en la actualidad. Una embarazada que conozca esta técnica la puede usar para «desconectar completamente» a voluntad y escapar de la realidad. No se diferencia mucho de otras técnicas como la visualización, la visualización multisensorial, la imaginación guiada usada concretamente en Estados Unidos o la sofrología a la que se recurre en los países de habla francesa e hispana.

El término «autohipnosis» ofrece la gran ventaja de subrayar la capacidad de mantener la autonomía. La autohipnosis tiene muy poco en común con la hipnosis dirigida que ha sido utilizada por la obstetricia durante largo tiempo y que implica dependencia del hipnotizador.

Habiendo hablado de la hipnosis, deberíamos también hacer hincapié en el hecho de que los estados alterados de conciencia que acompañan a procesos fisiológicos tales como el parto y el orgasmo no han sido tan seriamente estudiados como los estados de conciencia artificialmente inducidos mediante hipnosis, diferentes técnicas de meditación, drogas, etc.; nadie sabe, por ejemplo, cómo es un electroencefalograma[2] durante las distintas fases del parto o durante el orgasmo. Este desconocimiento paradójico puede ser interpretado de distintas maneras. Primeramente, refleja la actual falta de interés por los procesos fisiológicos que se activan durante el período del parto y la reticencia a considerar la vida sexual como un todo. En segundo lugar, cualquier estudio de este tipo tendría que hacer frente a grandes dificultades, puesto que los episodios de la vida sexual dependen en gran parte del medio donde transcurren y, especialmente, del grado

~

[1]Esto era así en 1992, cuando se publicó la primera edición de este libro.
[2]La electroencefalografía es una técnica para grabar la actividad eléctrica del cerebro.

de 'privacy'. A pesar de las dificultades, estoy seguro de que de todas formas algún día se intentará aprender a través de este tipo de exploraciones, lo cual nos podría conducir a una nueva forma de ver la sexualidad como un todo completo, especialmente si se acaba demostrando que el cambio de conciencia experimentado por la madre durante el reflejo de eyección del feto no difiere fundamentalmente del experimentado durante el orgasmo[3].

En el momento presente, las investigaciones se centran en comprender el origen y papel que juegan las distintas hormonas implicadas en los procesos fisiológicos de la sexualidad, en particular durante el parto. El resultado de este énfasis es que ahora comprendemos que el cerebro es la principal glándula que interviene en el proceso del nacimiento. De hecho, es probablemente más importante comprender de dónde provienen las hormonas implicadas que saber el nombre de cada una y el equilibrio correcto entre ellas. Aun así, vale la pena estudiar más profundamente las diferentes hormonas liberadas durante el proceso del parto, porque veremos que son las mismas implicadas en otros procesos sexuales. Esto nos da una oportunidad que no deberíamos desaprovechar, una ocasión para recordar que la sexualidad es holística, lo cual, a su vez, sugiere que interferir de forma rutinaria en el período del nacimiento —tal como lo hacen la mayoría de las culturas conocidas— probablemente influya en toda la vida sexual. Según la ciencia moderna, la capacidad para amar es una pieza única, singular, que se expresa de diferentes formas.

~

[3]Desde la publicación de la edición de 1992 de este libro, un equipo finlandés ha usado un método de escaneado cerebral para confirmar la reducción de actividad neocortical durante el orgasmo.

Capítulo 12

La hormona del amor

Según la ciencia moderna, existe una hormona del amor. Como ya señaló Niles Newton, cuando hablamos de amor, la oxitocina, esta hormona segregada por zonas perfectamente conocidas de nuestro cerebro primitivo y liberada por la parte posterior de la hipófisis, siempre está presente.

La oxitocina interviene en los preludios del acto sexual y en el orgasmo masculino y femenino. Las contracciones uterinas del orgasmo facilitan la aspiración del esperma y el encuentro de los espermatozoides con el óvulo. La oxitocina se libera antes y durante la tetada y hace posible el reflejo de eyección de la leche; en la leche humana hay oxitocina, y el bebé la absorbe cuando mama. Se sabe perfectamente cómo actúa esta hormona para facilitar las contracciones del útero durante el parto. En la hora siguiente al nacimiento, se da un pico de oxitocina estimulado por el primer contacto entre la madre y el bebé. Se han llevado a cabo experimentos consistentes en inyectar oxitocina en determinadas zonas del cerebro para provocar un comportamiento maternal; y también en sentido contrario, inyectando medicamentos cuyo objetivo sea inhibir el comportamiento maternal. Ahora sabemos que el feto participa activamente segregando su propia hormona del amor al inicio del parto. Finalmente recordemos que, en una comida, un acto que habitualmente compartimos, probablemente aumentamos también nuestro nivel de oxitocina. La oxitocina siempre se nos muestra como la hormona del altruismo y, en cierta medida, del olvido de uno mismo. Y, curiosamente, actúa como un depresor de la memoria.

Ahora bien, la secreción de hormonas depende siempre del contexto, del ambiente, siempre forman parte de un equilibrio extremadamente complejo. Cuando una mujer da el pecho a su bebé no se encuentra en el mismo equilibrio hormonal que cuando da a luz o cuando está en contacto por primera vez con su recién nacido o cuando mantiene relaciones íntimas con su pareja. Según el contexto hormonal, el amor o la relación altruista no van en la misma dirección, no se centran en el mismo objeto.

Así pues, la madre que alimenta a su bebé se encuentra en un equilibrio hormonal especial, es decir, bajo los efectos de la prolactina, la hormona indispensable para que el pecho segregue leche. Pero además de activar la glándula mamaria, esta hormona produce también otros efectos: es la hormona que empuja a los animales a construir sus nidos y es también la que provoca comportamientos agresivos de defensa en las hembras lactantes. Algunos de los efectos sobre los humanos han sido estudiados en profundidad a propósito de los síntomas que muestran los tumores producidos por secreción de prolactina, tanto en la mujer como en el hombre. De entrada, la prolactina reduce la libido, el interés sexual. Luego, tiende a provocar comportamientos de subordinación, sumisión y también cierto grado de ansiedad. Estos efectos parece que tienen sus ventajas para la supervivencia de la especie. Cuando una mujer amamanta, todos los efectos de la «hormona del amor» se dirigen hacia el bebé, que se convierte en el objeto de su amor; la subordinación hace que esté totalmente disponible frente a cualquier demanda del bebé. En cuanto a la ansiedad, le ofrece la capacidad de estar mucho más pendiente de él y, por ello, cuando duerme no lo hace con un sueño muy profundo.

Puesto que los niveles hormonales medios de la población son los que modelan las características de un medio cultural determinado, podríamos preguntarnos cuál es, pues, la característica de nuestra cultura occidental. Nuestra sociedad se caracteriza por un muy bajo número de hijos por mujer, a menudo inferior a dos y por la corta duración de la lactancia, de sólo algunos meses. En el resto de sociedades humanas conocidas, la duración media de la lactancia se puede contar por años. Dicho en otras palabras, la mujer occidental está impregnada de prolactina sólo durante una ínfima parte de su vida; en otras culturas, le afecta durante la mayor parte de su edad adulta. Lo podríamos resumir diciendo que nuestra sociedad se caracteriza por la escasez de prolactina. Y es imposible imaginar que todo esto no se manifieste en el comportamiento colectivo. Incluso podría tratarse de una vía de investigación para conocernos mejor a nosotros mismos.

Puesto que sabemos cuáles son los efectos de la prolactina sobre el comportamiento, no podemos evitar la tentación de formular una pregunta inocente: ¿Qué características tendrá, a priori, una sociedad en la que la prolactina escasea? Es fácil imaginar que, en una sociedad de este tipo, no va a ser una prioridad satisfacer las necesidades de los bebés. En una sociedad en la que la hormona de la nidificación está casi ausente, lo lógico es esperar que se niegue la necesidad de 'privacy' de la mujer que da a luz y recibe a su recién nacido. Podemos prever que habrá muchos estímulos de tipo erótico porque las preferencias de la hormona del amor se dirigirán hacia un único objetivo. Podemos esperar también una falta de subordinación a las leyes de la naturaleza, una falta de prudencia en relación a los fenómenos naturales, como si «jugáramos con fuego». Aquí, el prototipo de cerebro masculino puro no tiene ninguna contrapartida.

Recordemos que en una sociedad de simios, el individuo con el nivel de prolactina más bajo es el macho dominante.

Esta pregunta se puede completar con su complementaria: ¿Qué características tendría un medio cultural en el que se segregara prolactina en abundancia? Podemos imaginar que la actitud hacia la vida en aquella sociedad sería completamente distinta de la nuestra. Las necesidades de los bebés y de los niños serían respetadas, incluso serían prioritarias. No abundarían los estímulos eróticos. El sometimiento a las leyes de la naturaleza, al destino, sería extremo. Hubo una sociedad que respondió perfectamente a estos criterios: la formaban las clases altas de la sociedad hindú tradicional. Las familias eran monogámicas y se amamantaba a los niños durante un período de tres a cinco años. Los hombres eran sacerdotes o brahmanes dedicados a la meditación profunda la mayor parte del tiempo. Esto significa que estaban muy impregnados de altos niveles de endorfinas, hormonas que provocan la liberación de prolactina. Además, la mayoría de estos sacerdotes tenían un aspecto físico característico, con pechos desarrollados. No hacen falta más explicaciones para convencernos de que la actitud hacia la vida en esta sociedad no tenía nada que ver con la nuestra.

Comencé a plantearme este tipo de preguntas cuando participé en una conferencia en la que la sala estaba repleta de mujeres lactantes. Era otro mundo, un mundo con otras prioridades.

Tenemos que tener siempre presente que al evocar el medio cultural hay que tomar distancia del individual. Estamos hablando solo de tendencias a escala colectiva, lo cual no implica que no pueda haber distintos tipos de comportamiento a nivel individual. Y también significa que algunos individuos pueden comportarse de formas que no corresponderían exactamente a su estado fisiológico: es propio de las culturas humanas modelar el comportamiento. Pero tampoco hay que perder de vista que las culturas se crean gracias a la interacción entre humanos, es decir, entre seres vivos. Constituyen los sistemas de adaptación de que dispone el ser humano, como animal social que es. Por eso, nuestra alusión a los efectos de determinadas hormonas en el comportamiento nos brinda una oportunidad para mostrar también su fragilidad e incluso la artificiosidad que implica separar lo biológico de lo cultural.

Cuando finalmente nuestra prioridad sea el advenimiento de la humanidad ecológica, tendremos que profundizar todavía más en esta visión de nuestra civilización basada en las ciencias biológicas. Una humanidad que cese en su afán de dominio destructivo de la biosfera, una sociedad que, en definitiva, consiga detener su autodestrucción.

Pero en una sociedad en la que la prolactina es escasa, esto difícilmente puede convertirse en una prioridad. ¿Cómo podemos romper este círculo vicioso?[1].

~

[1] Para información actualizada de la "hormona del amor", ver Odent, M., "El Nacimiento en la Era del Plástico" (Ed. OB STARE, 2011).

Capítulo 13

Lactancia y estructuras familiares

«**M**i bebé enferma cada vez que adelgazo». Sólo una mujer que ha amamantado durante largo tiempo puede hacer un comentario de este tipo, sólo una mujer que ha amamantado en el contexto de la familia nuclear.

La duración de la lactancia nos parece una clave que no se ha tenido en cuenta hasta el presente a la hora de interpretar las características de una civilización. Muchas personas sienten, de forma espontánea y confusa, sin poder precisar con claridad los motivos, que la duración de la lactancia es un tema escandaloso que es mejor eludir. Abordarlo supone sacudir los cimientos mismos de nuestra sociedad.

Cualquier pregunta relativa a la duración de la lactancia es ya en sí misma una provocación: ¿Cuánto tendría que durar una lactancia lo más fisiológica posible? Para cualquier otra especie de mamíferos, la respuesta es simple, casi tan simple como saber la duración de la gestación. El bebé chimpancé, por ejemplo, es alimentado por su madre durante dos años después de haber pasado 230 días en el útero. Por lo que se refiere al ser humano, no se puede precisar la respuesta. Y en cambio necesitamos saber cuál sería el ideal desde el punto de vista fisiológico, porque constituiría un punto de referencia. Si nos alejamos demasiado de esta referencia, nos expondremos a los castigos de la Diosa Némesis, la encargada de castigar a los humanos que quieren imitar a los dioses.

Para responder a esta pregunta tenemos que empezar por investigar. Podemos comparar, por ejemplo, individuos amamantados durante más de tres o cuatro años con individuos que lo han sido durante menos tiempo o con los que no han sido amamantados en absoluto. Los criterios elegidos pueden incluir desde valorar su estado de salud o sus resultados escolares hasta catalogar su comportamiento. En el futuro, se llevarán a cabo cada vez más estudios de este tipo.

Para aportar respuestas a esta provocativa propuesta, podemos presentar también algunas correlaciones escandalosas.

Primera: en todas las sociedades poligámicas, la lactancia materna se prolonga durante varios años. La poligamia ha sido, con mucha diferencia, el régimen matrimonial más difundido en el mundo. En su cuadro de 558 sociedades consideradas representativas, Murdock manifiesta que la poligamia es oficial en el 76% de casos de la muestra. Esta observación nos lleva a hacernos dos preguntas. Primeramente, ¿hasta qué punto la familia poligámica facilita lactancias de larga duración? Y en segundo lugar, ¿puede ser que los estrechos lazos afectivos que se dan en este caso entre la madre y el bebé favorezcan la capacidad de compartir más tarde un esposo o esposa? Dicho de otro modo, ¿es posible que una relación breve con la madre potencie posteriormente la tendencia al amor-posesión, de modo que la persona no pueda ser apta para la poligamia?

Segunda: tanto más cuanto concierne a países occidentales próximos unos a otros por su ubicación geográfica en el norte de Europa y por su nivel de vida: en Suecia, donde el 60% de bebés son alimentados todavía al pecho a los seis meses de edad, el índice de separaciones se sitúa entorno al 50%, y la mayoría de ellas suceden en el año siguiente a un nacimiento. Según datos estadísticos, en 1986 hubo 19.518 divorcios por 37.017 bodas celebradas durante este mismo año; los divorcios afectaban a 21.127 niños y niñas menores de 18 años. Del total, 4.290 matrimonios habían durado menos de 4 años. En los Países Bajos, donde el número de bebés amamantados a la edad de seis meses es ínfimo, el índice de separaciones es del 25%. En Gran Bretaña, con índices de lactancia intermedios, el porcentaje de separaciones también se sitúa en un nivel intermedio. Estas valoraciones son aproximadas, por supuesto. Hay que tener en cuenta las considerables diferencias entre el número de bodas oficiales y de uniones libres. Gran Bretaña es uno de los países europeos donde más se formaliza oficialmente una relación, por lo que en este país el elevado número oficial de divorcios nos podría llevar a engaño.

Me llamaron la atención este tipo de correlaciones porque a lo largo del tiempo muchas parejas me han hecho confidencias muy significativas sobre sus problemas durante lactancias prolongadas. La mayoría de las veces, el motivo de las quejas era la preocupación del marido por la pérdida del apetito sexual de su mujer; el hombre tiende a interpretar la falta de interés sexual de su mujer como una falta de interés por su propia persona y hay que tranquilizarlo. Algunos de ellos incluso fueron con su mujer al sexólogo (quiero añadir que los sexólogos no siempre son capaces de ver la relación que existe entre la pérdida de la libido y la lactancia).

No debemos olvidar que todo esto sucede en un medio cultural en el que es normal reiniciar pronto la actividad sexual después de un parto. Cuando una mujer sale de la maternidad, muy a menudo le preguntan qué método anticonceptivo va a usar. Esta pregunta es ya en sí misma significativa e incitadora, hasta tal punto que mujeres que amamantan durante largo tiempo pueden llegar a imitar determinados comportamientos. Algunas de ellas incluso afirman que es precisamente durante el período de lactancia cuando han tenido relaciones sexuales más satisfactorias. O bien consideran que su apetito sexual no ha cambiado pero… evitan el contacto piel con piel por debajo de la cintura… o necesitan lubricantes vaginales artificiales… o su libido no se puede manifestar por culpa del dolor causado por la cicatriz de la episiotomía o por el cansancio. Tanto los libros como lo que escuchamos en las conferencias nos muestran también una incomprensión o desconocimiento del descenso del apetito sexual en la mujer que amamanta, lo cual muy a menudo causa problemas y angustia.

Tener en cuenta sin ningún orden específico las correlaciones entre poligamia y lactancia prolongada, los índices comparativos de divorcios en distintos países, la acción depresora de la prolactina sobre la libido o las confidencias de las parejas con problemas durante la lactancia, nos obliga a plantear otra provocativa pregunta: ¿Es compatible la monogamia, a escala cultural, con la lactancia materna prolongada?

Hablar de monogamia es, antes que nada, hablar de matrimonio, adentrarnos en algo específicamente humano. En la mayoría de sociedades de mamíferos, especialmente las sociedades de primates, las hembras gozan de gran libertad sexual. Los machos compiten e incluso luchan para dominar a otros machos y poder fecundar al mayor número posible de hembras. Los machos más fuertes, los que dominan a los demás, son los que transmiten más genes, de modo que la selección queda asegurada. Para los zoólogos, los mamíferos monógamos como el lobo, el castor o los pequeños antílopes llamados 'dik dik' son casi una rareza.

Lo que caracteriza a los humanos es la capacidad para coordinar y estructurar acciones colectivas como la caza o la guerra. Esto sólo puede suceder a costa de una disminución de la agresividad entre machos de un mismo grupo. De aquí deriva el control social de la sexualidad, el compartir a las mujeres de que nos habla Lévi-Strauss y, finalmente, a partir de determinado estadio de evolución de la humanidad, el matrimonio.

El tipo de matrimonio más extendido es el poligámico. No se puede establecer una lista exhaustiva de sociedades poligámicas, puesto que sería demasiado larga. Y tampoco podemos evocar todos los tipos de uniones poligámicas, igualmente innumerables. Es mejor y más rápido señalar los puntos que tienen en común. Parece ser que en todas las sociedades poligámicas los bebés duermen con sus madres y toman el pecho durante varios años, a menudo entre tres y cinco o a veces incluso más. En todas las sociedades poligámicas, las relaciones sexuales están habitualmente prohibidas durante buena parte del período de lactancia. Incluso se da la separación total de sexos, que empieza ya durante el embarazo. La madre vuelve con su marido cuando el niño ya tiene cierta edad, que puede variar según las culturas. A veces, el momento del reencuentro se festeja con una celebración especial.

La monogamia, el tipo de matrimonio más extendido en el mundo industrializado, implica un estadio de más control social de la sexualidad. En Europa se ha convertido en la norma desde hace más o menos veinte siglos. Contrariamente a lo que se cree, no es un fenómeno de origen cristiano, sino greco-romano; los primeros cristianos simplemente adoptaron el tipo de matrimonio que se estaba imponiendo en aquella época. La Biblia no contiene ninguna condena explícita a la poligamia, sino que el giro cultural se dio entre el Antiguo Testamento y el Nuevo. En el Antiguo encontramos muchos ejemplos de venerables patriarcas polígamos; en cambio, en el Nuevo, donde no se da importancia a este tema, no se cita a ninguno. Sólo San Pablo hace algunas alusiones, en concreto en la Carta a los Corintios. A lo largo de los siglos, los teólogos preconizaron la monogamia, y en 1563 hubo un anatema contra la poligamia en el Concilio de Trento. La mayoría de iglesias cristianas no permitieron a los polígamos acceder a los sacramentos.

No obstante, siempre ha habido entre los cristianos tentativas de restaurarla. En Münster, en 1534, cuando la ciudad cayó en manos de los anabatistas, se proclamó la poligamia. Esta ciudad se convirtió en un centro de moral extremadamente austera donde el adulterio y la fornicación se castigaban con pena de muerte; la fornicación incluía las relaciones sexuales con la esposa embarazada. En el siglo XVII, Johan Leyser, pastor y maestro, hizo una elocuente defensa de la poligamia. Lo sacrificó todo por su idea fija, poniendo toda su erudición al servicio de la causa poligámica. En la misma época, el célebre poeta inglés John Milton, después de haber defendido el divorcio, se convirtió en portavoz del matrimonio plural y escribió un tratado sobre su interpretación de la doctrina cristiana, que no se publicó hasta el siglo XIX. Parece ser que esta publicación desempeñó un importante papel en la instauración del modelo mormón de poligamia. El mormonismo es el único ejemplo de restauración de la poligamia dentro de una sociedad; la poligamia de los mormones, como el mormonismo en general, se originó a partir de las revelaciones del americano Joseph Smith. Data oficialmente de 1843, y el matrimonio polígamo sobrevivió al asesinato de Joseph Smith, al abandono de la ciudad de Nauvoo, en el estado de Illinois, y a la creación de Salt Lake City. Después de la promulgación de leyes extremadamente severas por parte de las autoridades americanas y tras muchas persecuciones, las autoridades eclesiásticas mormonas terminaron por firmar el abandono de la poligamia en 1890. Pero los fundamentalistas todavía perseveran. He visto a algunos de ellos en Missoula, en el estado de Montana.

En África, donde la poligamia está tan fuertemente arraigada, incluso los teólogos católicos han comprendido que obligar a adoptar la monogamia como condición indispensable para ser admitido en la iglesia es una manifestación etnocéntrica; era imponer a los africanos una institución no cristiana, sino europea, sin poder basarse en las Escrituras para justificar su implantación. Pero a pesar de ello, la mayoría de iglesias cristianas ha negado los sacramentos a los polígamos, exceptuando pequeñas iglesias independientes como los adventistas del séptimo día, que lo hacen para «ayudar a los polígamos a entrar en el reino de los cielos».

Es importante subrayar que los que exaltan los valores de un determinado tipo de matrimonio —ya sea monógamo o polígamo— no tienen en cuenta para nada el período de lactancia del ser humano. Así, para sus defensores, la ventaja de la poligamia consistiría en adaptarse a las fluctuaciones de la proporción entre el número de hombres y de mujeres. Fue basándose únicamente en argumentos puramente estadísticos que la antigua URSS propuso legalizar la bigamia como forma de matrimonio en una época en la que había 170 solteros para 100 solteras. Esto explicaría una mayor frecuencia de poliginia —varias mujeres para un solo hombre— que de poliandria —varios hombres para una mujer—. De hecho, el exceso de hombres es la característica principal de una sociedad poliándrica como los Todas, en India. Algunos subrayan que la poligamia tiende a hacer disminuir la prostitución, el número de divorcios, de hijos naturales y de infanticidios y también a reducir la delincuencia. Otros ponen el acento en lo que consideran efectos secundarios de la monogamia. Así, según cuenta Engels, la historia nos muestra que la primera lucha de clases coincidió con el desarrollo del antagonismo entre hombre y mujer en el seno del matrimonio monogámico. Algunas feministas de los años 70 también cuestionaron el matrimonio monogámico: Bárbara León, por ejemplo, afirmaba que no era algo nuevo para los hombres comprometerse en matrimonios monogámicos… lo que le parecía nuevo era que lo opuesto a la monogamia se considerara una ideología. Por lo que respecta a los que formulan teorías para promover la monogamia, la consideran como la única forma de matrimonio que permite desarrollar y expandir el auténtico amor conyugal y hacen énfasis en los lazos afectivos de la pareja. Podemos añadir que la monogamia estricta es la mejor protección posible frente al cáncer útero y a las enfermedades de transmisión sexual, según se desprende de los conocimientos médicos de que disponemos hasta este momento.

Nunca se considera prioritaria la lactancia. Nunca se han intentado relacionar las necesidades básicas del recién nacido con el tipo de estructura familiar. Si partimos de nuestra condición de mamíferos, si nos preguntamos de entrada qué estructuras familiares facilitarían una lactancia lo más fisiológica posible, estaremos estableciendo correlaciones inéditas. Y forzosamente vamos a tener que reconocer que en todas las sociedades poligámicas las madres duermen con sus bebés y los amamantan prolongadamente en función de la demanda de los niños. Y vamos a tener que admitir también el hecho de que entre las grandes religiones monoteístas, cuya imagen de la divinidad es masculina, el único libro de referencia que presta una atención muy especial a la lactancia materna y a su duración es el Corán. Ahora bien, el Corán, por su parte, permite a un musulmán tener hasta cuatro mujeres, y a las viudas, repudiadas o divorciadas, poder casarse de nuevo. Por lo que respecta a la capacidad de veneración que posee el ser humano, la madre se sitúa inmediatamente después de Dios y de su profeta, mucho antes que el padre.

Inversamente, partir de los imperativos de la lactancia materna nos obliga a tomar consciencia de las dificultades que la familia monogámica comporta y que ya se pusieron de manifiesto incluso antes de su evolución hacia la familia nuclear.

La sociedad griega ya disponía de esclavas, llamadas 'doulas', que se dedicaban a amamantar a los hijos de sus señoras durante seis meses. Las mujeres de la alta sociedad no querían comprometer su salud ni su silueta ni tener que abandonar sus «deberes» sociales. En el Antiguo Testamento, en el tiempo de la transición hacia la monogamia, el profeta Jeremías habla de los problemas de algunas mujeres con la lactancia, incluso de la repugnancia que llegaban a sentir algunas de ellas. Dirigiéndose a las que, para no ir contra la moda imperante, no querían dar el pecho a sus bebés decía: «Incluso los monstruos marinos ofrecen el pecho a su prole».

En Europa occidental, hasta el siglo XIX, las nodrizas desempeñaban este mismo papel. Muchas de ellas vivían en el campo y se dedicaban a cuidar y amamantar a los hijos de mujeres que vivían en la ciudad y que por su posición económica se lo podían permitir. Estas nodrizas normalmente pertenecían a las clases sociales más desfavorecidas y a veces también practicaban la prostitución. Algunas madres abandonaban a sus propios bebés, incluso llegaban a ahogarlos, para poder dedicarse a estos oficios lucrativos. Hubo una época en la que en los libros destinados a las comadronas había un capítulo importante que giraba en torno a cómo elegir una buena nodriza. Hagamos un breve paréntesis para subrayar que las nodrizas y las prostitutas de las sociedades monogámicas tienen en común el hecho de ser mercenarias que venden sustitutos del amor, ya sea amor maternal o amor conyugal.

La 'doula', la nodriza, incluso la esclava negra de algunos estados de Estados Unidos, son las manifestaciones externas de una actitud hacia la lactancia que indefectiblemente terminó por desembocar en el biberón. El arte de preparar un biberón se convirtió en el capítulo principal de los tratados de puericultura. La lactancia artificial tuvo su momento álgido hacia la mitad del siglo XX con la aparición masiva en el mercado de leches en polvo industrializadas, las llamadas leches «maternizadas».

Actualmente, la lactancia materna se ha revalorizado a nivel colectivo. Los profesionales y los poderes públicos la promueven de forma oficial. Pero en cambio, tiene que hacer frente a grandes dificultades. La situación actual se caracteriza por el hecho de que la gran mayoría de madres empiezan la lactancia pero no la continúan más allá de los tres o seis meses. Los organismos de salud pública ponen todo su empeño en comprender por qué la lactancia fracasa tan pronto; una de las causas podría ser la reincorporación de la madre al trabajo, aunque muchas madres que no trabajan también tienen este mismo problema. Se les da consejos, pero nadie se atreve a decir que una clave para eliminar el problema es que el bebé duerma con su madre. Nadie se atreve a imaginar que las dificultades de la lactancia materna podrían ser inherentes a la familia nuclear monogámica. Para amamantar a un bebé durante varios años, una mujer moderna tiene que tener una capacidad poco común de resistencia a las presiones sociales, incluidas las intrafamiliares.

Las políticas de los gobiernos no quieren reconocer que hay niños amantados durante varios años. En los países industrializados, por ejemplo, este grupo de niños no suele estar vacunado. Las estadísticas sobre los casos de muerte infantil durante epidemias o a causa de enfermedades infecciosas, como la tos ferina o el sarampión, no tienen en cuenta por cuánto tiempo fue amamantado cada uno de estos niños.

La lactancia que se prolonga durante varios años no sólo tiene que enfrentarse a múltiples dificultades que provienen de la sociedad en sí misma, sino que además tiene que tener en cuenta un nuevo tipo de precauciones, inéditas hasta el momento, para evitar algunas alteraciones de la salud del bebé todavía difíciles de interpretar. Un ejemplo de ello nos lo proporciona el bebé que enferma cada vez que su madre adelgaza. Esto nos obliga a hacer un paréntesis para hablar de un hecho que podría llegar a ser preocupante: en realidad, todos los que de alguna manera están vinculados con la alimentación del bebé deben preocuparse sin lugar a dudas por este fenómeno completamente específico y propio de la sociedad industrializada.

Todos sabemos la importancia que tienen los ácidos grasos en la alimentación humana. A algunos de ellos les llamamos «esenciales» porque nuestro organismo no puede fabricarlos por sí mismo, por lo que obligatoriamente debemos incluirlos en nuestra dieta. Casi todos los ácidos grasos que se encuentran en la naturaleza se caracterizan por una determinada forma. Decimos que pertenecen a la familia «cis». Solo hay unas pocas excepciones, como algunos de los que encontramos en el estómago de los rumiantes, cuya molécula tiene otra forma, llamada «trans», provocada por los efectos de los microorganismos que habitan este medio.

Pero sucede que, súbitamente, en el mundo industrializado, cada vez más ácidos grasos de los que ingerimos tienen la forma «trans», generada por la industrialización de los alimentos, por el proceso de refinamiento, especialmente la hidrogenación de los aceites y la fabricación de margarinas. Incluso se ha llegado a calcular que, en algunos consumidores, estos ácidos grasos de la serie «trans» cubrirían actualmente entre el 7 y el 10% de sus necesidades energéticas. Pero estos ácidos grasos son falsamente «amigos». Están presentes en alimentos muy populares de sabor agradable, pero compiten con sus homólogos útiles bloqueando algunas cadenas metabólicas importantes, por lo cual en realidad los podemos considerar venenosos. Por otro lado, recientemente se ha demostrado que la leche de la mujer moderna contiene una proporción importante de estos ácidos «trans»: la leche de una mujer alemana contendría cinco veces más que la de una mujer africana; habría 1,6 más en la leche de una americana que en la de una alemana. Y este hecho resulta ser mucho más preocupante porque sabemos que los ácidos «buenos» juegan un papel importante en el desarrollo del cerebro del bebé y en la composición de las membranas de las células. También son la base de estos importantes reguladores celulares llamados prostaglandinas.

¿De dónde vienen los ácidos grasos peligrosos que absorbe el bebé moderno? De la alimentación de su madre, por supuesto. Pero no sólo de lo que come la mujer que da a luz. Estas moléculas abundan en la grasa corporal. Cada vez que la madre adelgaza, el bebé toma un suplemento de estos ácidos grasos. Hay que añadir que determinados productos tóxicos como los insecticidas, también presentes frecuentemente en la alimentación moderna, suelen acumularse igualmente en la grasa corporal. Por lo tanto, se liberan también junto a los ácidos grasos peligrosos[1].

Pero estos datos tan recientes no deben ser un motivo para desaconsejar la lactancia materna, sino todo lo contrario. Porque sabemos también que algunos ácidos grasos llamados «poliinsaturados de cadena muy larga», que no están presentes en las leches artificiales, juegan un papel imprescindible que se había subestimado hasta hace poco.

Una de las conclusiones prácticas que podemos sacar de todo ello es que las embarazadas y las mujeres lactantes tienen que aprender a evitar los ácidos grasos peligrosos. Tienen que evitar los aceites refinados, las margarinas, la pastelería, las patatas fritas, la comida rápida, etc. Vistas las circunstancias, hoy día tendríamos que preguntarnos si no sería sensato sugerir a las jóvenes madres que tomaran suplementos de «ácidos grasos poliinsaturados de cadena larga» como los que contienen los aceites de pescado y el aceite de onagra. Y otra conclusión es que no es inocuo perder peso durante la lactancia. Las ganas de recuperar rápidamente una silueta sexualmente atractiva nos enfrentan de nuevo a las contradicciones propias de la familia nuclear monogámica.

Todas estas consideraciones no deben ser interpretadas como defensa de una u otra estructura familiar. Además, no nos podremos inspirar en ningún modelo antiguo cuando el crecimiento demográfico y las preocupaciones ecológicas nos parezcan irreconciliables. Nuestro objetivo es suscitar una profunda reflexión en una época en la que la lactancia materna toma una nueva dirección. Está

~

[1]Para información actualizada, ver Odent, M., "El granjero y el obstetra" (Ed. Creavida).

demostrado científicamente el carácter inimitable de la leche materna y el valor insustituible de la relación madre-hijo. Hoy día, la salud pública es una disciplina que amplía las perspectivas de una medicina tradicional esencialmente curativa.

Actualmente, las estructuras familiares evolucionan de forma rápida e insidiosa. Oficialmente, nuestra sociedad es monogáma, cuando en realidad hay dos clases de poligamia:

- Poligamia «en serie»: en este tipo, el hombre y la mujer tienen varios cónyuges de forma sucesiva. En la mayoría de países occidentales, el número de divorcios oscila entre 7 y 13 por cada mil matrimonios. Y la mayoría de divorciados se casa de nuevo. Por ello podemos concluir que este tipo de poligamia está muy extendido, aún más si tenemos en cuenta que la tendencia es la misma o mayor en las uniones libres.

- Poligamia clandestina o semiclandestina: el estudio que Annette Lawson realizó durante 10 años entre la clase media de las sociedades americanas y británicas llega a la conclusión de que de cada cinco hombres y mujeres, cuatro han tenido por lo menos un segundo/a compañero/a sexual. Las mujeres, por término medio, lo tienen a los 4,5 años de matrimonio; los hombres, a los 5,2.

Analizando estas cifras, nos podemos hacer una idea de la profundidad de los cambios sociales en los que nos encontramos. Ha llegado la hora de admitir que lactancia materna y estructuras familiares son dos temas inseparables que no podemos seguir eludiendo por temor al escándalo en un momento en el que la salud del planeta está amenazada por este aprendiz de brujo nacido de la sociedad occidental o inspirado por ella. Tenemos que plantear nuevas preguntas, como ¿Qué tipo de familia va a satisfacer mejor las necesidades fundamentales del bebé del mamífero humano? O bien, ¿Hasta qué punto el modelo de familia nuclear se mantiene gracias al nacimiento (y la muerte) en el hospital?

Capítulo 14

El tiempo de las canciones de cuna

Nuestro propósito es aún más atrevido ahora que lo que se considera de buen tono es promover la humanización del nacimiento. Como si esto fuera realmente lo más importante. Para dar a luz a su bebé, la madre necesita 'privacy', no sentirse observada. El bebé que acaba de nacer necesita pegarse a la piel de su madre, al olor de su madre, al pecho de su madre… necesidades que compartimos con muchas especies de mamíferos… necesidades que los humanos han aprendido a descuidar, a ignorar, incluso a negar.

Las sociedades humanas —tribu, familia extensa, padre— tienen lecciones que aprender tanto de nuestros primos más cercanos como de los lejanos.No hace falta que nos preocupemos por la humanización. Cuando los grupos humanos hayan encontrado su papel protector de la madre y su bebé —en lugar de inmiscuirse en su relación— la humanización vendrá por sí sola. La madre sabrá cómo usar la libertad de manos y brazos que nos proporciona nuestra especie… y descubrirá el arte de mecer. Sabrá acompañar su ritmo y su balanceo con sonidos melódicos, con palabras… y la auténtica lengua materna, la que enseñan las canciones de cuna, renacerá.

Epílogo

¿Qué pasaría si…?

¿Qué pasaría si las múltiples razones para redescubrir las necesidades básicas de la mujer que da a luz fueran bien digeridas y asimiladas por la emergente «ciudad global»?

¿Qué pasaría si el nacimiento entrara en una nueva fase —la fase postindustrial— de su historia?

¿Qué pasaría si las cualidades maternales fueran finalmente el principal criterio de selección de las aspirantes a comadrona?

¿Qué pasaría si la obstetricia se convirtiera en una disciplina médica al servicio de las mujeres y de las comadronas?

¿Qué pasaría si la cesárea recuperara su condición de maravillosa operación de salvación y los fórceps pasaran a ocupar el único lugar que les corresponde, es decir, se convirtieran definitivamente en pieza de museo?

Bibliografía

Prólogo a la 5ª Edición

[1]Gronlund MM, Lehtonen OP, Eerola E, Kero P. *Fecal microflora in healthy infants born by different methods of delivery: permanent changes in intestinal flora after cesarean delivery.* J Pediatr Gastroenterol Nutr 1999; 28(1): 19-25.

[2]Palmer C, Bik EM, DiGiulio DB, Relman DA, Brown PO. *Development of the human infant intestinal microbiota.* PLoS Biol. 2007 Jul;5(7):e177. Epub 2007 Junio 26.

[3]Capone KA, Dowd SE, Stamatas GN, Nikolovski J. *Diversity of the human skin microbiome early in life.* J Invest Dermatol 2011 Oct;131(10):2026-32. doi: 10.1038/jid.2011.168. Epub 2011 Junio 23.

[4]Lif Holgerson P, Harnevik L, Hernell O, Tanner AC, Johansson I. *Mode of birth delivery affects oral microbiota in infants.* J Dent Res. 2011 Oct;90(10):1183-8. Epub 2011 Agosto 9.

[5]Cabrera-Rubio R, Collado MC, Laitinen K, Salminen S, Isolauri E, Mira A. *The human milk microbiome changes over lactation and is shaped by maternal weight and mode of delivery.* Am J Clin Nutr. 2012 Sep;96(3):544-51. doi: 10.3945/ajcn.112.037382. Epub 2012 Julio 25.

[6]Molloy EJ, O'Neill AJ, Grantham JJ, et al. *Labor Promotes Neonatal Neutrophil Survival and Lipopolysaccharide Responsiveness.* Pediatr Res 2004 Mayo 5.

[7]Gronlund MM, Nuutila J, Pelto L, et al. *Mode of delivery directs the phagocyte functions of infants for the first 6 months of life.* Clin Exp Immunol 1999; 116(3): 521-6.

[8]Cederqvist LL, Ewool LC, Litwin SD. *The effect of fetal age, birth weight, and sex on cord blood immunoglobulin values.* Am J Obstet Gynecol. 1978 Julio 1;131(5):520-5.

[9]Garty BZ, Ludomirsky A, Danon Y, Peter JB, Douglas SD. *Placental transfer of immunoglobulin G subclasses.* Clin Diagn Lab Immunol. 1994 Noviembre;1(6):667-9.

[10]Hashira S, Okitsu-Negishi S, Yoshino K. *Placental transfer of IgG subclasses in a Japanese population.* Pediatr Int. 2000 Agosto;42(4):337-42.

[11]Pistiner M, Gold DR, Abdulkerim H, Hoffman E, Celedon JC. *Birth by cesarean section, allergic rhinitis, and allergic sensitization among children with a parental history of atopy.* J Allergy Clin Immunol. 2008 Aug;122(2):274-9. Epub 2008 Junio 20.

[12]Bager P, Wohlfahrt J, Westergaard T. *Caesarean delivery and risk of atopy and allergic disease: meta-analyses.* Clin Exp Allergy. 2008. Abril;38(4):634-42.

[13]Xu B, Pekkanen J, Hartikainen AL, Järvelin MR. *Caesarean section and risk of asthma and allergy in adulthood.* J Allergy Clin Immunol. 2001 Abril;107(4):732-3.

[14]Roduit C, Scholtens S, de Jongste JC, et al. *Asthma at 8 years of age in children born by caesarean section.* Thorax. 2009 Feb;64(2):107-13. doi: 10.1136/thx.2008.100875. Epub 2008 Diciembre 3.

[15]van Nimwegen FA, Penders J, Stobberingh EE, et al. *Mode and place of delivery, gastrointestinal microbiota, and their influence on asthma and atopy.* J Allergy Clin Immunol. 2011 Noviembre;128(5):948-55.e1-3. Epub 2011 Agosto 27.

[16]Kuitunen M, Kukkonen K, Juntunen-Backman K, et al. *Probiotics prevent IgE-associated allergy until age 5 years in cesarean-delivered children but not in the total cohort.* J Allergy Clin Immunol. 2009 Febrero;123(2):335-41. doi: 10.1016/j.jaci.2008.11.019. Epub 2009 Enero 8.

[17]Stensballe LG, Simonsen J, Jensen SM, Bønnelykke K, Bisgaard H. *Use of antibiotics during pregnancy increases the risk of asthma in early childhood.* J Pediatr. 2013 Apr;162(4):832-838.e3. doi: 10.1016/j.jpeds.2012.09.049. Epub 2012 Noviembre 6.

[18]Jedrychowski W, Gałaś A, Whyatt R, Perera F. *The prenatal use of antibiotics and the development of allergic disease in one year old infants. A preliminary study.* Int J Occup Med Environ Health. 2006;19(1):70-6.

[19]Glasgow TS, Young PC, Wallin J, et al. *Association of intrapartum antibiotic exposure and late-onset serious bacterial infections in infants.* Pediatrics. 2005 Septiembre;116(3):696-702.

[20]McKinney PA, Parslow R, Gurney KA, Law GR, Bodansky HJ, Williams R. *Perinatal and neonatal determinants of childhood type 1 diabetes. A case-control study in Yorkshire, U.K.* Diabetes Care. 1999 Junio;22(6):928-32.

[21]Cardwell CR, Stene LC, Joner G, et al. *Caesarean section is associated with an increased risk of childhood-onset type 1 diabetes mellitus: a meta-analysis of observational studies.* Diabetologia. 2008 Mayo;51(5):726-35. Epub 2008 Febrero 22.

[22]Huh SY, Rifas-Shiman SL, Zera CA, et al. *Delivery by caesarean section and risk of obesity in preschool age children: a prospective cohort study.* Arch Dis Child. 2012 Julio;97(7):610-6. Epub 2012 Mayo 23.

[23]Blustein J, Attina T, Liu M, et al. *Association of caesarean delivery with child adiposity from age 6 weeks to 15 years.* Int J Obes (Lond). 2013 Julio;37(7):900-6. doi: 10.1038/ijo.2013.49. Epub 2013 Abril 8.

[24]Goldani HA, Bettiol H, Barbieri MA, et al. *Cesarean delivery is associated with an increased risk of obesity in adulthood in a Brazilian birth cohort study.* Am J Clin Nutr. 2011 Junio;93(6):1344-7. doi: 10.3945/ajcn.110.010033. Epub 2011 Abril 20.

[25]Turnbaugh PJ, Ley RE, Mahowald MA, Magrini V, Mardis ER, Gordon GI. *An obesity-associated gut microbiome with increased capacity for energy harvest.* Nature 21 Diciembre, 2006; 444:1027-1031.

[26]Larsen N, Vogensen FK, Van der Berg FWJ, et al. *Gut microbiota in Human adults with type 2 diabetes differs from non-diabetic adults.* PloS One Febrero 5, 2010; 5(2): e9085.

[27]Le Chatelier E, Nielsen T, Qin J, et al. *Richness of human gut microbiome correlates with metabolic markers.* Nature. 2013 Agosto 29;500(7464):541-6. doi: 10.1038/nature12506.
[28]de Weerth C, Fuentes S, de Vos WM. *Crying in infants: On the possible role of intestinal microbiota in the development of colic.* Gut Microbes. 2013 Agosto 9;4(5). [Epub ahead of print].
[29]Jakobsson HE, Abrahamsson TR, Jenmalm MC, et al. *Decreased gut microbiota diversity, delayed Bacteroidetes colonisation and reduced Th1 responses in infants delivered by Caesarean section.* Gut. 2013 Agosto 7. doi: 10.1136/gutjnl-2012-303249. [Epub ahead of print].
[30]Odent M. *Childbirth and the Future of Homo sapiens.* Pinter & Martin. London 2013.

Capítulo 2

- Brown, V.A., y otros, "The value of antenatal cardiotocography in the management of high-risk pregnancy: a randomized controlled trial", British Journal of Obstetrics and Gynaecology 89. 1982: 716-22.
- Flynn, A.M., y otros, "A randomized controlled trial of non-stress antepartum cardiotocography", British Journal of Obstetrics and Gynaecology, 89. 1982: 427-33.
- Haverkamp, A.D., y otros, "A controlled trial of the differential effects of intrapartum monitoring", American Journal of Obstetrics and Gynaecology, 126. 1976: 470-76.
- Haverkamp, A.D., y otros, "The evaluation of continuous fetal heart rate monitoring in high risk pregnancy", American Journal of Obstetrics and Gynaecology, 125. 1976: 310-20.
- Kelso, I.M., y otros, "An assessment of continuous fetal heart rate monitoring in labour", American Journal of Obstetrics and Gynaecology, 131. 1978: 5526-32.
- Kidd, L.C., y otros, "Non-stress antenatal cardiotocography - a prospective randomized clinical trial", British Journal of Obstetrics and Gynaecology, 92. 1985: 1156-59.
- Leveno, K.J., y otros, "A prospective comparison of selective and universal electronic fetal monitoring in 34.995 pregnancies", New England Journal of Medicine, 315. 1986: 615-19.
- Lumley, J., C. Wood, y otros, "A randomized trial of weekly cardiocartocography in high-risk-obstetric patients", British Journal of Obstetrics and Gynaecology, 90. 1983: 1018-26.
- MacDonald, D., I. Chalmers, y otros, "The Dublin randomized controlled trial of intrapartum fetal heart rate monitoring", American Journal of Obstetrics and Gynaecology, 152. 1985: 524-39.
- Prentice, A., y T. Lind, "Fetal heart rate monitoring during labour- too frequent intervention, too little benefit", Lancet, 2. 1987: 1375-77.
- Renou, P., A. Chang, I. Anderson y C. Wood, "Controlled trial of fetal intensive care", American Journal of Obstetrics and Gynecology, 126. 1976: 470-76.
- Sky, K., y otros, "Effects of electronic fetal heart rate monitoring, as compared with periodic auscultation, on the neurological development of premature infants", New England Journal of Medicine. 1 de marzo de 1990: 588-93.
- Wood, C., "A comparison of two controlled trials concerning the efficacy of fetal intensive care", Journal of Perinatal Medicine, 6. 1978: 149-53.
- Wood, C., y otros, "A controlled trial of fetal heart rate monitoring in low-risk obstetric population", American Journal of Obstetrics and Gynaecology 141. 1981: 527-34.

Otras referencias:

- Newton, N., D. Foshee y M. Newton, "Experimental inhibition of labor through environmental disturbance", Obstetrics and Gynecology, 27. 1966: 371-77.

- Newton, N., D. Foshee y M. Newton, "Parturient mice: effect of environment on labour", Science, 151. 1966: 1560-61.

Capítulo 3

- Odent, M., "Birth reborn", Nueva York: Pantheon, 1984.

Capítulo 4

- Schiefenhovel, W., y G. Schiefenhovel, "Geburt eines Mädchens einer primmipara" -eifo (West New Guinea -zentrales Hochland), film E 2681, Institut Zur den Wissenschaftlichen film, Göttingen. 1976.
- Schiefenhovel, W., y G. Schiefenhovel, "Vorgänge bei der Gebert eines Mädchens und Änderung der infantizid Absicht" - Eifo (West New Guinea) film E 2680, Institut Zur den Wissenschaftlichen film, Göttingen. 1976.

Capítulo 5

- Embry, M. "Observations sur un accouchement terminé dans le bain", Annales de la Société de Médecine Pratique, 5. 1805: 13.
- J.C, B., Voyage au Canada fait depuis l'an 1751 à 1761, Paris: Aubier-Montaigne.
- Lederman, R., D. McCann, B. Work y M. Huber, "Endogenous plasma epinephrine and norepinephrine in last-trimester pregnancy and labour", American Journal of Obstetrics and Gynaecology, 129. 1977:5-8.
- Newton, N., "The fetus ejection reflex revisited", Bith, 14. 1987: 106-8.
- Newton, N. y M. Newton, "Relation of the let-down reflex to the ability to breastfeed", Pediatrics, 5. 1950: 726-33.
- Odent, M., "Birth under water", Lancet, 2. 1983: 1476-77.
- Odent, M., "The fetus ejection reflex", Birth, 14. 1987: 104-5.
- Odent, M., "The role of fear during labour", en Proceedings of the Ninth International Congress of Psychosomatic Obstetrics and Gynaecology, Amsterdam: Parthenon, 1989.
- Odent, M., "Fear of death during labour", Journal of Reproductive and Infant Psychology, 9. 1991: 43-47.
- Pose, S.V., L. Cibils y F. Zuspan, "Effect of epinephrine infusion on uterine contractility and cardiovascular system", American Journal of Obstetrics and Gynaecology, 84. 1962: 297-306.
- Dick-Read, G., "Childbirth without Fear", London: William Heinemann, 1943.
- Woodbury, R.A., y otros, "The relationship between abdominal, uterine and arterial pressures during labour", American Journal of Physiology, 121. 1938: 640.

Capítulo 6

- Van Doren, M., "Collected and New Poems", 1924-63, Nueva York Hill and Wang, 1963.

Capítulo 7

- Aucher, M.L., "Les maternités chantantes", vol. 5 de L'Aube des sens - Cahiers du nouveau-né, Paris: Stock, 1981.
- Hardy, A., "Was man more aquatic in the past?", New Scientist, 7. Abril 1960: 642-645.
- Kramer, R., "Maria Montessori: A Biography", Oxford: Brasil Blackwell, 1976.

- Lorenz, K., "Studies in Animal and Human Behaviour", Cambridge: Cambridge University Press, 1971.
- Lorenz, K., "Vergleichende Verhaltensforschung: Grundlagen der Ethologie", Viena: Springer-Verglag, 1978.
- Mellers, W., "Bach and the dance of God". Londres: Faber and Faber, 1980.
- Odent, M., "Genèse de l'homme écologique". Paris: Epi, 1979.
- Odent, M., "What is health? Towards an ontogenic definition", International Journal of Prenatal and Perinatal Studies .1989: 47-49.
- Odent, M., "Water and Sexuality", Hammondsworth: Penguin, 1990.

Capítulo 8

- Baumslag, N., "Breastfeeding: Cultural Practices and Variations", vol. 7 de Advances in International Maternal and Child Health, Oxford: Clarendon, 1987.
- Bullough, C. H. W., y otros, "Early sucking and post partum haemorrhage: controlled trial in deliveries by traditional birth attendants", Lancet, 2 . 1989: 522-25.
- Cadogan, W., "Essay on Nursing and Management of Children fron Birth to Three Years of Age", Carta dirigida a uno de los directores del Founding Hospital, publicada por orden del Comité General del Said Hospital. Londres, 1773. Reimpresa en el volumen 7 de Advances in International Maternal and Child Health, ed. D. B. Jeliffe y E. F. Jeliffe, Oxford: Clarendon, 1987.
- Gartner, L. M., "Breastfeeding in Korea", Breastfeeding Abstracts, La Leche League, vol. 7, nº 2. 1987.
- Gibson, R. A., "Fatty acid composition of human calostrum and mature breast milk", American Journal of Clinical Nutrition, 34. 1981: 252-57.
- Hamilton, A., "Nature and Nurture", Camberra: Australian Institute of Aboriginal Studies, 1981.
- Jordan, B., "Birth in Four Cultures", Montreal: Eden Press, 1980.
- Mead, M., y Newton, N., "Cultural patterning in perinatal behaviour", en Childbearing: Its Social and Psychological Aspects, ed. S. Richardson y otros, Baltimore: Williams and Williams, 1967.
- Odent, M., "Newborn weight loss", Mothering. Enero 1989: 72-74.
- Shaw, E. y Darling, J., "Female Strategies", Nueva York: Simon and Schuster, 1986.
- Tildes, V., "Breasts, Bottles and Babies - A history of Infant Feeding", Edimburgo: Edimburgh University Press, 1986.

Capítulo 9

- Bullogh, C. H. W., y otros, "Early sucking and post partum haemorrhage: controlled trial in deliveries by traditional birth attendants", Lancet, 2. 1989: 522-25.
- Loosterman, G. J., "The Ducht experience of domiciliary confinements", pp. 115-25, en Pregnancy Care for the 1980s, L. G. Zander y G. Chamberlain editores, Londres: Royal Society of Medicine and Macmillan, 1984.
- Newton, N., "Some aspects of primitive childbirth", Journal of the American Medical Association, 188. 1964: 261-64.
- Odent, M., "In praise of the traditional birth attendant", Lancet, 2. 1989: 861-62.
- Tew, M., Safer Childbirth, Nueva York: Chapman and Hall, 1990.

- Treffers, P. E. y R. Laan, "Regional perinatal mortality and regional hospitalization at delivery in the Netherlands", British Journal of Obstetrics and Gynaecology, 93. 1986: 690-93.
- Van Altan, D. M. Eskes, y P. E. Treffers, "Midwifery in the Netherlands: the Wormerveer study", British Journal of Obstetrics and Gynaecology, 96. 1989: 656-62.

Capítulo 11

Por lo que respecta al poema de los Yoruba Africanos, ver el inicio del capítulo:

- Priya, J. V., "Birth Traditions and Modern Pregnancy Care", Shaltesbury: Element Books, 1992.

Otras referencias:

- Cohen, N., "Open Seasons". Nueva York: Bergin & Garvey, 1992.
- Kennel, J., S. Klaus, S. McGrath, S. Robertson y C. Hinkley, "Continuous emotional support during labour in a US hospital", Journal of the American Medical Association, 265, nº 17. 1 de mayo de 1991: 2197-2201.
- Nilsen, S. T., "Boys born by fórceps and vacuum extraction examined at 18 years of age", Acta Obstetrica Gynecologia Scandinavica, 63, nº 6. 1991: 653-58.
- Seidman, D., y otros, "Long term effects of vacuum and fórceps Deliveries", Lancet, 337. 1991: 1583-85.
- Sosa, R., J. Kennel, M. Klaus, S. Robertson y J. Urrutia, "The effect of a supportive companion on perinatal problems, length of labor, and mother-infant interaction", New England Journal of Medicine, 303. 1980: 597-600.

Capítulo 12

- Arletti, R., y otros, "Oxytocin improves copulatory behaviour in rats", Hormones and Behaviour, 19. 1985: 14-20.
- Egli, G. E., y M. Newton, "Transport of carbon particles in the human female reproductive tract", Fertility and Sterility, 12. 1961: 151-55.
- De Wied, D., "Memory effects of oxytocin and related peptides", en Procedings of the Ninth International Congress of Psychosomatic Obstetrics and Gynaecology. Amsterdam: Parthenon, 1989.
- Newton, N., "The role of the oxytocin reflexes in breastfeeding", en Clinical Psychoneuroendocrinology in Reproduction: Procedings of the Second Symposia. Orlando, FL: Academic Press, 1978.
- Newton, N., y C. Modahl, "New frontiers of oxytocin research" en Procedings of the Ninth International Congress of Psychosomatic Obstetrics and Gynaecology. Amsterdam: Parthenon, 1989.
- Takeda, S., Y. Kuwabara, y M. Mizuno, "Concentrations and origins of oxytocin in breastmilk", Endocrinology Japan, 33. 1986: 821-26.
- Uvnas-Moberg, K., "Hormone release in relation to physiological and psychological changes in pregnant and breastfeeding women", en Procedings of the Ninth International Congress of Psychosomatic Obstetrics and Gynaecology. Amsterdam: Parthenon, 1989.
- Verbalis, J. C., y otros, "Oxytocin secretion in response to cholecystokinin and food", Science, 232. 1986: 1317-19.

Capítulo 13

- Cairncross, J., "After Polygamy Was Made a Sin: The Social History of Christian Polygamy", Londres: Routledge and Kegan Paul, 1974.
- Chappell, J. El, y otros, "Trans fatty acids in human milk: influence of maternal diet and weight loss", American Journal of Clinical Nutrition, 42. 1985: 49-56.
- Engels, F., "The Origin of the Family, Private Property and the State", Londres: Lawrence and Wishart, 1982.
- Finley, D. A., y otros, "Breastmilk composition: fat content and fatty acid composition in vegetarians and non-vegetarians", American Journal of Clinical Nutrition, 41. 1985: 787-800.
- Hillman, E., "Polygamy Reconsidered: African Plural Marriage and Christian Churches", Maryknoll, NY: Orbis, 1975.
- Koletzko, B., y otros, "Fatty acid composition of mature milk in Germany", American Journal of Clinical Nutrition, 47. 1988: 954-55.
- Lawson, A., "An Analysis of Love and Betrayal", Londres: Basil Blackwell, 1989.
- Leonard, J., A. Leonard y D. Leonard, "The Mormon Experience: A History on the Latter-Day Saints", Nueva York, Random House, 1980. p. 200.
- Mayer, J. F., "Être chretien... et polygame?", Rebis, 9. 1985.
- Murdoch, G. P., "Marriage" en Encyclopaedia Universalis, vol. 13, 1972. p. 234.
- Odent, M., "Genèse de l'homme écologique", Paris, Epi, 1979.
- Van Wert, W. F., "Sex after children", Mothering, verano 1991: 115-17.